教員必携諺《ことわざ》擬《もどき》

―タヌキの尻尾《しっぽ》研修室

竹林館

タヌキの尻尾《しっぽ》研修室

あでやかな裳裾をちらと見かけたような気がする
放課後の校舎
子供たちの声が潮騒のように引いていく廊下で
錯覚だったのだろうか
いや　風のように通り過ぎたのは
確かにインスピレーションの女神
その証拠に残り香が　などと
足早に追いすがって
気がつけば研修室の熱い午後
同僚の談論風発珈琲を重ねて応酬は尽きない
書棚を当たれればタヌキの尻尾
読み止《さ》しの藪からずるずると引きずり出して
本体が繋がっていればお慰み
どんな真理が目を光らせているか

教員必携諺擬《ことわざもどき》 ——タヌキの尻尾《しっぽ》研修室 ＊ 目次

epigraph 1

あ

あそこまで行ってみたい 10
頭を使わなくても面白いことは、面白がらない方がよい 12
熱くなくなっても叩く 13
言いたいこと、言わずにはおられないこと、言わねばならないこと 15
「いいです」を超える 16
一行めは書いてやる 17
一日、千字の思い 18
一年生で教わりました 20
一年めが勝負 21
一問一答　授業の極致 22
行ってみなけりゃわからない 23
笑顔で育つもの　涙で育つもの 25
絵に描いた餅を食べさせる 26
鬼の高橋　仏の加藤 27
音読させせないの？ 28

か

買い弁に籠めた親の愛 30
柿の実、虫の声、言葉の響き 31
学習指導は未熟でも、生徒指導は任せてほしい 32
学習は人に代わってもらえない 33
学校だけでは育たない 34

学校には学校の言葉遣いがある　35
巌頭之感　36
頑張ったね　38
机間指導で仕込む　39
期待感が知恵を育てる　40
教室の中にもフォーメーション　41
教育相談的配慮の可能性　43
教育の目的は何ですか　45
気をつけ、礼　46
配り方の成長　47
「ケルルン　クック」がわかった　48
研究授業なんか、毎日やっている　49
高学年の発達課題は何か　51
黒板消し　52
心の荒れが見える　53
心の中の「右、左、右」　55
心は捨てられるか　59
心を傷つけるとはどういうことか　60
誤答は宝物　61
子供同士でないと解決しない　62
子供は感動を欲している　63

さ

サンキュウ　エブリバディ　65
ジミーはどんな大人になったか　66
社会の変化に対応できる能力　67
宿題出すなら、問題作り　69
出席は敬称略でとる　空《そら》でとる　70
好かれ過ぎず嫌われ過ぎず　71
好き嫌いをなくす　72
生徒指導の免許は持ってません　73
世界は脱線を待っている　74

先生、これ！　75
先生、自習にしてくださ い　76
先生　と呼ばれりゃ行かないこともない　77
先生は友達じゃない　79
先生、魔法を教えてね　80
早期対策・職業病　82

た

立場というものがある　84
小さい声結構、言葉ははっきり　86
近づき難い　触れ難い　87
知識を与えるだけの授業に
　教師はいらない　88
知的甘やかしを重ねていないか　89
ちゃん　から　さん　へ　90
手間暇かけなきゃ　91
登山が目的ならロープウェイは使わない　93
ドラ焼きやサンドウィッチは丸ごと食べる　94
と思います　ああそうですか　96
と思います　に逃げ込んでいる　97

な

仲間受けを喜ぶようでは　100
何はなくとも日課表　101
ノートは見に行け　書きに行け　103

は

歯医者優先　105
掃き残したひと葉に心奪われる　107
初月給で万年筆を買う　108
話しかけたくなったら、自分に　109
板書で勝負できるもの　111

人の心は天候に左右される 112
表はこうなりました 113
筆ペンを乾かさない 115
下手になれ 116
勉強なさい
とサンデー先生が言っている 117
法律の、どこに書いてあるんですか 118
「ほかにありませんか」は
素人でも言える 119
褒めるならキャリアを褒める 120
褒めれば止まるものがある 121

やま

まず掃除、次に掃除、そして掃除 123
まずみんなと同じことをしてみなさい 124
惑いの夕 125
まとめ　で手を抜くな 127
マナーよろしくペロリと食べる 129
満足感か達成感か 131
自ら学んでいく力は自ら育てる 133
皆に注意しておくが 135
四時間で綿ぼこり 136

わら

理屈と鳥黐《とりもち》はどこにでも付く 138
理想は、教室においては
現実の最先端に宿る 139
練習をしないプロはいない 140
若いのに言うことが古いね 142
わからせただけでは半分だ 144
私はまだ、立派な指導案は書けません。でも 145
ワニザメ　アナグマ　南部より 146

附

文案例解　研究紀要　序　甲　148
仝　研究紀要　序　乙　150
仝　退職挨拶　152
知識基盤社会の時代における小学校経営の戦略　156
◆教員社会を席捲するか　156
◆知の来歴　162
◆授業改善のきっかけとなるか　169
◆「学校経営」を見直す　177
まとめ　今日はここまでにしようか
〜相変わらずの長話《ながばなし》　185

教員必携諺擬《ことわざもどき》

――タヌキの尻尾《しっぽ》研修室

加藤廣行

表紙画・カット　山口緑

あ行

あそこまで行ってみたい

と思ってもそう易々と辿り着けるものではない。遥か彼方である。歩き始めてはみたものの、雲のかかる峰を仰ぎ見れば、はたしてどこまで行けるのだろうかと不審が募る。といって他の人に行ってもらっても意味がないから、自分の足で一歩ずつ進むしかない。その一歩が確実であるならと気を奮い立たせ続ければ、いつの間にか希望の地に立っている自己を見出すこともあるだろう。

授業のことを言っているのである。指導の目標に一足飛びに到達することはできない。段階化が必要である。作業化にも、他の人に代わってもらうことはできないよとの励ましにも。

個別への配慮が必要だ、と言い換えようか。子供たちの出発点や一歩の歩幅はそれぞれに異なるからである。一律に与えられた作業紙を前にして、その子の心はどう動いているか。肝心の課題に取り組むより先に、ワーク・シートへの対処を考えている。表を工夫する楽しみ、すなわちノート作りの楽しみを奪うことにもなるではないか。自分で歩んだ一歩が見出せなくなる。子供たちこそ、あそこまで行ってみたいと思っているのではないか、自分の足で。今どこまで来ているのだろう。

シートを与えるなら気の利いたものを。あろうことか書くスペースに無神経なシートも見受けられる。子供らが何字ずつ何行書いているかとの観察を怠っているのだろう。字数に、考えの現況が現れるのに。深める段階が集団思考なら、焦点化が成否を分ける。焦点化の前提は考えの多様だろう。その顕現を邪魔していないか。山道を塞ぐ岩のように。

頭を使わなくても面白いことは、面白がらない方がよい

いちいち考えてから笑え、と言っているのではない。「何が面白いかといいますと」では下手な漫談家である。気をつけていないと、知性が日曜日。上質の笑いがあるかと問うているのである。

廊下にまで聞こえてくる笑い声に足を停める。聞いているだけで楽しくなることがある。解放感が伝わってくる朗らかさ。逆に心配になることも。級友を貶めているのではないか、陰湿な響き、それに引きずられた笑い？　教室に入らずにはいられない。

笑いは状況を打ち破る。良くも悪しくも。追い詰められた心を開放してくれるが、善良真摯な営みの足を引っ張りもする。その力は大きいから、扱いには配慮が欠かせない。感じとれるかである、笑いの質を。

ジョークなら子供は大好物、徐々に機知、ウィットへと導く。そう言われたらこう言う、の応酬。やりとりを楽しみながら、ウィットとユーモアの勝負。批判力成長充分の冷静居士も、にやりとするほどの。機知は人を深くする。知性を感情の相談役にして。

熱くなくなっても叩く

熱いうちに叩かれはしたが、だんだん冷えてきて妙に固まってしまった。もう直しようがないので、これはこれでよしとしよう。茨の道に飛び出しているトゲも何のその、蹴散らしている。だが初任教員は痛みを堪えてトゲを、敢えて回避しない。

・よい授業ができるようになりたい　子供たちのために
・下手なことを認める　恥じない
・ためらわない　すぐ実行する
・あきらめない　しぶとい　許さない
・よく笑う　子供たちと
・知的好奇心旺盛　むしろ貪欲
・よく食べる　進んで眠る

鉄も夢見ているのではないか、変形を。トゲの痛みの実感を。ならば諦めてはならない。

叩き続けることだ、再び熱くなって血の色になるまで。

因みに筆者は茨城大の卒業生で、千葉県に採っていただいた。しかし茨の道は人に付いてくる。同僚はむしろ、進んで困難に分け入った。会議の司会に立ち甲論乙駁を見事に捌きながら、腰掛ければたちまち、そのときだけ熟睡の強者《つわもの》も居た。

言いたいこと、言わずにはおられないこと、言わねばならないこと

子供たちが何でも言える学級にしよう、そんな雰囲気のある学級に。そのとおりである。しかしこれが、よき学級経営実践を志して、避けては通れぬ難関。努力の甲斐あって教室の中が賑やかになった、明るい学級になったと気をよくし、授業中の発表も増えたと一歩前進を評価するのが関の山であろう。内心、これだけでは不足であるとわかっている。言わねばならぬことを、きちんと言う子が育っていない。

感情の発露を、考えや意見にまで練りあげる努力をさせなければならないと気づけば、あとは作業化、活動化がテーマとなる。話し方に着目して、習慣づけていく。感情を、思いを考えを、話型によって深めていかせるという方法。段階を考えてみる。

「～と思います」

「～さんの気持ちはわかりますが、それは～の点で頷けない、私はこう思う」

「～ということなら、～と考えざるを得ない。従ってこうなります」

教室内を社会にする実践でもある。続けていれば、社会の中に通用していく精神も育つかと。

「いいです」を超える

知りあいとの対話の中での「いいです」は、同意するときに遣われることが多いのではないか。しかし授業中に、一斉に「いいです」と言われれば、言われた方はどう思うか、感じるか。許可を与えられた印象が強くなる。授業中の話し合いの場は、級友を査定する場なのだろうか。思考を深め、発見に到り、成果を共に味わう場ではないか。

「同じ考えです、わたしも言ってみます」「わたしが言うと、こうなります」「同じような考えだけど、すこし違うところがあります、それは」などの話型を教師が進んで遣ってやりたい。また「わからないところがあるので、そこのところを詳しく話してください」「それは、こういうことですか」などを推奨し、討論の場に導きたい。

「同じ考えの人、発表してください、付け加えてください」また「違う考えの人は、どこが違うか教えてください」などの、発言者からの呼びかけを習慣づけることから始まるのだろうが、いずれにしろ、そのように言っていいんだと意識づけば、子供たちの発言と応答に、追究の型が生まれてくる。応答、対話型。

一行めは書いてやる

とにかく書かせる。教育実践の肝心はここにある。まず書かせる、続けて書かせる、そして書かせる。これがない授業はない。授業の大きな柱である。

何が何でも書かせる、何がなくとも書かせているうちに、子供たちは知らず知らず、自分に語りかけていることとなる。内省の実践を重ねている。メタ認知の力を育てることにもなる。自己指導力といってもよい。

書けないならば、一行めは書いてやる。あるいは一語めを。展開を促す一文を書いてやりたい。

ということは作文力の向上は、教師の作文力に期待するところが大きいわけである。詩人に言わせれば、一行目は神が書くのだそうだ。

一日、千字の思い

この子たちは一日何字書いているのかと疑問を持つ。観察を実行。

千字という字数に有難い理論があるわけではない。千字といえばたいへんな数だと思えるから、この視点でノートを見てみるのである。実際には子供たちはそれくらいは普通に書いているだろう。ノートを使う授業が一日四時間あれば、一時間平均二百五十字である。一行三十字とすれば八行程度である。

で、達していない子にはどのような方策をとるか考える。字を書くことに慣れるのが主眼だから、とにかく書かせる。板書を写すだけでよい。全部写さなくてもよい。内容は不十分でよい。書ければ、気持ちがよくなる、心が広がる、落ち着く。

一行に何字書いているかも観察の対象である。字の大きさを見て、一行何字くらいにと方向付けてやる。字の大きさや形に意識が向く。ノート作りの指導も具体化してくる。

千字に達している子には、板書にはないことの記述を奨励する。ひとつふたつと増えていくのが楽しみ、独自のノートとなるであろう。当然千字を超えていくだろう。

ワープロで何千字打っても、打つという単一作業を重ねるだけである。記号の羅列に奉仕するばかり。

書くという複雑な作業は、その過程で思考を生む。論理が線の太さ、濃淡、曲折となって現れ、思考過程の苦節をあとづける。今読んでいただいている原稿は、ワープロで整えたが、元原稿は万年筆で書いた。筆ペンでメモしたものを鉛筆で推敲し、原型にしている。

書くことは、言葉の記号性を超えようとする営みである。体育の授業で見せてくれる一途な取り組み、俊敏な、柔軟な体の動き、そのイルカのようなバネ、一瞬輝くフォルム。そのような思考論理。言葉も身体が発するものであれば、運動の一環である。すなわち、鍛えることができる。

一年生で教わりました

と言って、五年生の子が口をとがらせている。ノートの取り方に工夫が見られないので、まず形をすこし変えてみなさいと指導した場面。一年生で指導されて以来、このことに手が入っていなかったのであろう。調べてみると概ね、ノートはこう作りますとばかりに、幼さを残した枠が標準化されている。

単にノートの形式の話ではない。一年生での指導がそのまま高学年でも流通していて、形骸化し発展していない実例である。学習の進め方には学年による段階があるということを実践していなかった。確かに学習に取り組む態度に年齢差はないだろう。しかしそこに変化変容を求めなければならない。「学習の姿観」が必要である。

話し合いの仕方、課題解決実践の様式ばかりではない。授業以外の活動においてはどうか、工夫はあるかとの問いは続く。発達課題を踏まえていない指導に、力はない。

低学年　教師との一対一対応を基本とする三項関係の拡張
中学年　小集団活動による切磋琢磨、人間関係作りの経験
高学年　集団の中での個の自覚、表現力の伸長

一年めが勝負

一年で上手になるはずがない。学校教育の実践は、もともと困難なものであると認識するのさえ、相当な時間を要する。そこに到らずに定年を迎える人だっているだろう。

要は、やめないことである。肝心なのは、すべきことを知ること、できなくてもよいから。もう一歩さがってもよい。何をしなくてはならないのかと、探求を始めること。

よい実践をしようと誰もが思っている。それを教室で実感しているか。子供たちの前で、子供たちが帰ったあとの静けさの中で決意を重ねているか。実のある実践を、明日一歩だけ進めようと。

次第に見えてくる課題に畏れ、解決策に迷うだろう。しかし果敢に取り組んでいく姿にこそ、教育実践の前提がある。子供は感化される。

一年でやめてしまえば、それで終わり。二年めに見えてくる課題があると知らないままである。教師は毎年、新たな一年めを積み重ねて鎬を削りあう。

＊アンコーラ・インパーロ（Ancora Imparo）私は今でも学んでいる

ミケランジェロ・ブオナロッティ（1475-1564）

一問一答　授業の極致

一問一答に終始して深まりがなかった、などと言われたことがないか。先輩からの指摘であればそれが天の声のように聴こえるから、え、そうだったのかと反省してしまう。それほどに、この一問一答は評判がよくない。素人にもできることだとの暗黙の認識があって、一方私はプロである、初心者と一緒にされたくないとの心理が作用するのであろう。

しかしだからといって、それで逃げているようでは人の先には立てない。先に立つから先生なのである。一問一答をこそ深めるべきであって、一問多答などという実体のない思いつきに雷同していては寄る辺ないままであろう。答が限りなく並んで、収拾がつかなくなること、確実である。

一人の子に考えを訊いてみよ。一問で足りなければ三問三答、五問五答、対話してみよ。討論になるかもしれない。で、「さて、それでは皆で考えてみようか」と言って、その子に「私と同じ考えの人がいるでしょう」と問わせてみる。似た考え、すこし違う考えが出てくるだろう。考えを展開させるのである。論点がはっきりしてくれば自然、対立意見を言わずにいられなくなる。

行ってみなけりゃわからない

光太郎以前には進路に対する悩みというものはなかった、と一応言えるだろう。大正三年に彼が発表した詩「道程」の書き出し。

　僕の前に道はない
　僕の後ろに道は出来る

生まれついての身分があった時代は、若者の進路は決まっていた。道は僕の前にあったのである。それ以外を選択しようとすれば困難があった。それが明治となって一変し、自分で職業を決めることができるようになった。

実情はそんな簡単な図式で把握できるものではないだろうから、歴史的事実の仔細な検討が必要である。とはいえそのような考え方が行われたことは思量に難くない。

完全に保証されたかどうかはともかく、自由を求めることができる世の中となって半世紀、高村光太郎の、この二行の出現は大いに共感を得たことであろう。以来このことは青年の普遍となった。

しかし考えてみれば辛くもある。自分で決めなければならなくなったのである、人生を。

近代的自我に関する悩みがここに発生、助けてくれるものはないと、光太郎も続く七行で嘆いている。

ああ、自然よ
父よ
僕を一人立ちにさせた広大な父よ
僕から目を離さないで守る事をせよ
常に父の気魄を僕に充たせよ
この遠い道程のため
この遠い道程のため

青年の心の動向を大きく左右したこの迷いが、同時に成長に資するものでもあった、とは教師だから言えること。随分と弱気にも見える。書き出しは威勢がよいが。

この視点で現状を見てみようか。心配はない、未来は目の前に開けていると励ましてくれる世の中ではある。しっかり歩きなさい、悩むことはない、道は誰かが用意してくれているはずだと。

実は、一寸先はありもしない、のかも知れない。行ってみなけりゃ、わからない。行くしかないのだ。昔も今も。

笑顔で育つもの　涙で育つもの

冬の体育。寒いグラウンドで走り続ける子供たち。何周するかを決められているのだろう、走り終わって整理運動に入った子たちがいる。既にそれも終わって走り続ける級友に、頑張ってと声をかけている子も。集団をリードするように先頭を競った子たちだ。颯爽としたその走る姿に劣らず、心栄えが素晴らしい、と言えば話はここで終わる。だがその現場にいれば、そんな感傷に浸ってはいられない。

周回遅れで苦しそうに走り続けている子が心配なのだろう。担任が声をかけに行った。大丈夫か？　その子は何と応えたのだろう、走るのを止めない。涙を振り切っている。

学校は厳しいところだ。できてもできなくてもやる。泣きながらでもついていこうとする子がいる。少しくらいできることに安住させてはならない、その厳しさが経験できるところだ。その厳しさを共に経験して生まれてくる喜びも。

と書けば、厳しすぎるかしら。しかしかわいい子には旅をさせよ、という。人生が持久走なら、身も心も温まるそんなひとときもあるだろう。

絵に描いた餅を食べさせる

学校教育目標を、学級においてどう具現するか。

多くの学校で学校教育目標は「知育・徳育・体育」に分化され、それぞれが目指す児童像として示されている。「体育」の領域が「たくましい子」として示された場合を考えてみる。この抽象的な目標を学級においてどう具現するか。要はこの子供像を学級では、より具体的にするのである。

発達段階を念頭に置き、児童の実態を少しずつ向上させる手立てを考える。そのために、「一日一回汗をかく子」などと行動目標化するとよい。外で遊ぶことを奨励し、日々省みさせていく。そしてそのことが当然のことのように行われるようになる頃、すこし高い目標を与えてやる。

絵に描いた餅を食べさせるという、学級施策である。「知育―進んで学ぶ子」、「徳育―思いやりのある子」をどう絵に描くか、担任の持ち味の問われるところだが、具合よくいかなかったら、学校教育目標や全校施策や学年施策に遡って吟味する必要もある。

鬼の高橋　仏の加藤

子供たちの前に仁王立ち、かと思っていたら、もう子供たちの中に入っていて、ごみを拾い、話をしている。

怖い顔のときもあれば、慈愛に満ちた顔のときも。先生は両面を同時に持っている。高いところから見下ろし、また子供たちと同じ目の高さで厳しく優しく。その切り替えが素早く、感情のみに流されない。公平なこと、お寺でいえば仏像のごとくである。

そんな先輩（個人名は仮名です、念のため）の脇で筆者は未だ優柔不断。

仁王も菩薩も、その表情において役割を分担しているのであろうか。いや、心が瞬時に変化することは、仏教が説くところである。その色はディスコホールの照明にも劣らず、激しく交替しあやしく明滅を繰り返す。六道輪廻とはこのことではないか。

奥深い表情は超えてきた山のような課題を未だ蔵し、かつ眼前に広がる大海の如き困難への船出に対して、恬淡たらんと決意する瞬間を保っている。その静かな永遠。

音読させないの？

国語の時間は無論のこと、算数でも社会でも何の授業でも教科書を音読させる。させるでしょ？　では、それは何故か。

音読の目的は何かと試験にでも出されたらどう答えるか。答案1　文及び文章の意味と響きを一体として捉え、体得させるため。なるほど。答案2　文の形を、そのリズムで身体に馴染ませる活動である。その際、構音を意識づけ、ことばのアクセントや文の抑揚に注意を促して、進んではより説得力のある読み方を工夫させる。なるほど。

言われればそうですね。そんなこともあるだろう。以後、気をつけて答案の改善を試みることとして、実感はほかにある。黙読ができるようにするため、である。音読ができなければ黙読もできない。現代表記は漢字仮名交じり文だから、漢字がある。どう読んだらよいか迷うことがないか。読めなくてではない、読み方がいくつもある場合どうするかである。読み方をいくつも知っている場合はなおさらで、意味はとれても発音できないもどかしさ。小学校の教科書とて油断は禁物、もう一度さらってみる必要はないか。

音読から黙読へ、作文は擬似発声が助けてくれるのではないか？

か行

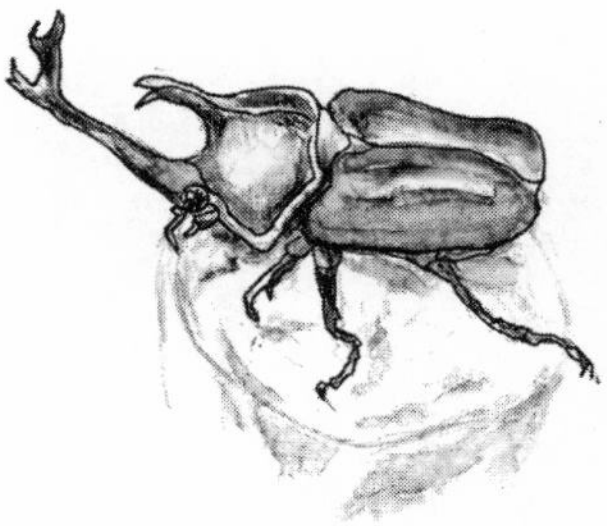

買い弁に籠めた親の愛

今日は弁当が必要だったと急に言われ、さてどうしよう。あそこならもうやっているだろうと、朝のスーパーに走る。便利な世の中である。しかし、買ってきた弁当をパックのまま持たせる親はいないだろう。弁当箱に入れ直す。冷蔵庫にあるものを付け足して、彩をよくする。

昼食や夕食も同じ。作った料理にパックの物を加えて、盛り付ける。家族の、客の賑わい。気に入っている皿が大活躍。

教科書の課題をそのまま与えるのは、味気ない。子供たちと、自分の感覚に合わせてひと工夫がほしい。工夫しようとする気持ち、喜んでもらおうという心から、温かさが生まれる。

筆者の母は、衣類はほとんど自分で作った。自分のものも子供のものも。安い既製品に目をつけて買ってきて、必ず身の丈に合うように直した。経済的に楽ではなかったから、だけではないだろう。自分が手を入れることに、何事かを籠めたのである。

柿の実、虫の声、言葉の響き

秋の夜、田舎の家で本を読んでいたら、外で何か音がする。凪の治まった猫の額ほどの林。聴き慣れた夜鳥の羽音ではない。猫の足音は忍びやかだ。何かにぶつかることもない。

頭の中の視線が庭をひと巡り、見えてきた。柿の実が落ちている。気がつけば、集く虫の声。そのコーラスを透り抜けて聞こえてくる、着地の宣言。

僕らが人の形になるまでに、気の遠くなるような時間を要した。その間の絶え間ない生命の営み。僕らが人の形となって声が出せるようになるまでの、祖先たちの営み。まして言葉というものを創り出し、心を外に表せるようになるまでの、想像もできない挑戦、努力。いやむしろ、そうすることで心というものを発見したのだろう。それを明らかにしようと、改善を続けた幾百世紀。しかし依然、音は滅びやすい。音を、そして声を無駄にしていないかと省みる。

「音は音楽の生命である。しかも、その生命は一瞬にして消える。何とはかないことだろう。だから、私たちはそのはかないものの生命を大事にし、こよなく愛する」。

＊吉田秀和遺稿『吉田秀和―音楽を心の友と』（二〇一二　音楽の友社）

学習指導は未熟でも、生徒指導は任せてほしい

初任者といえども、私はこの子たちの先生だ。この点は誰にも負けない。授業が上手くなりたいのは、生徒指導を極めたいからだ。

その意気や、よし。頼もしい。そのとおり。だが少し整理・補正しておこう。教科指導は元来、生徒指導であると把握しているようだ。そのことが断言のはしばしにチラチラ透けて見えている。「学習指導は未熟」と謙遜した関係で、看板が出せないのだろう。よろしい、法律にお出まし願おう。

教育基本法第五条第二項に「義務教育として行われる普通教育は、各個人の有する能力を伸ばしつつ社会において自立的に生きる基礎を培い、また、国家及び社会の形成者として必要とされる基本的な資質を養うことを目的として行われるものとする」とあり、学校教育法がこれを受けて第二一条に「教育基本法第五条第二項に規定する目的を実現するため、次に掲げる目標を達成するよう行われるものとする」としている。その「次に掲げる目標」が十項立てられていて、それらによって各教科が設定されているという段取りになっている。人を育てるための教科指導なのである。そんなことを言わなくても元来、学問は人間の探究ではないか。学習指導も極めねば。

学習は人に代わってもらえない

学習の原則の筆頭。食事やトイレと同じである。腹が減ったけど今面白いところだから、代わりに食べておいてというわけにはいかない。誰かトイレに行ってきて、とも言わない。

他に頼らない練習を重ねさせるのが教育実践である。ここに厳しさがある。補助だ支援だといって気がついたらホテル並のサービスになっていたりする。それで評判がよくなったら、転職の道もある。このままおきゃくさま国家への道を進むなら、もてなす側の人手不足で、引く手数多である。

幸い、授業の中に代理思考の助長活動が混入などと新聞に書かれたことは、まだない。

学校だけでは育たない

曰く「子は親の後ろ姿を見て育つ」。なるほど。男の子が二人、幼かった頃は課外のクラブを担当、土曜も日曜もなかった。管弦楽のクラブだから、練習と編曲で夜も昼もなかった。子供たちが見るのは演奏会やコンクールの会場での、指揮をする私の背中。同人誌への原稿も書いていた。お茶を持ってきてくれたときに見せるのも、やはり背中。曰く「子は親の鏡」。ならば、背の高さに親としての年齢《とし》が映る。左右の関係はどう見たらよいのだろう。横目で見れば、向こうも横目。

長男と二人で、長い時間車に乗ることがあった。陽が落ちて、話も尽きると、ＦＭ放送のブラームス。ピアノトリオ。聴き入って次第に眠りに入る彼、眠らずに運転を続ける私。夜の川をともに渡っている尊さを思う。

曰く「子は鎹《かすがい》」。子供が大きくなれば、棲家も大きくできるかも知れない。親だって大きくなりたいのだ。子供に助けてもらう喜びと、鎹になれなかった我が身を思う。

学校には学校の言葉遣いがある

世間で好き放題に行われている言葉遣いも、学校で好ましい言葉遣いが行われているからこそ、安心していられるのである。これがなければ、流行の言い方も面白さを失う。基盤があるからこそ、反抗的な言い方が成立し、面白みも出てくる。

言葉遣い、言い方は思考の形式の現れである。フォーマルな言葉遣いで社会性が養われる。同時に、崩した言葉遣いについてもその意義を否定することなどできないし、その面白みを楽しむべしであるが、気をつけていないといつの間にか感性が塗り替えられている。思考が止まっている。学校ほど流行に敏感なところはない。感染力に容赦はない。

巌頭之感

いじめがなくならない。それを苦にして自殺を図る子供がいる。防止に取り組まれている学校や関係の諸機関の尽力に期待するばかりである。しかし、若者の自殺はいじめを理由とするものばかりではない。対策の視野は行き届いているか。

明治三十六年、第一高等学校（旧制一校）文科一年藤村操が日光華厳の滝に身を投げ、世を驚かせた。当時十八歳。といっても満で十六歳と十か月、今の高校生年齢である。真似て自殺をする者もあり、今でもその意味が論議されている。思想上の問題によるとの評価が主流で、伊藤整は大著『日本文壇史』で、黒岩涙香の「少年哲学者を弔す」の「我国に哲学者無し、此少年に於て始めて哲学者を見る。否、哲学者無きに非ず、哲学の為に抵死する者無きなり」という論評を紹介し、「日本ではじめて人間の存在の意味を求めて命を棄てた人間の、純粋な思想問題として、青年たちに大きな影響を与えた」と説いている。

と同時に、それは失恋によるものだとの説が当時行われたことも紹介している。以来この二説が相拮抗し現在に至っているが、思想上、哲学上の自殺であるとの説が優勢のようである。何故か。それは、藤村氏が予告ではなく遺書によって自らの死を世に知らしめたことに因っているのではないか。遺書といっても手紙ではなく、滝の落口の楢の木を削って墨書したものである。「巌頭之感」と題されている。

悠々たる哉天壌、遼々たる哉古今、五尺の小躯を以て
此大をはからむとす。ホレーショの哲學竟何等の
オーソリチィーを價するものぞ。萬有の
眞相は唯だ一言にして悉す、曰く、「不可解」。
我この恨を懐いて煩悶、終に死を決するに至る。
既に巌頭に立つに及んで、胸中何等の
不安あるなし。始めて知る、大なる悲觀は
大なる樂觀に一致するを。

立派な書きぶりである。遺書というよりは、宣言。この「不可解」の三字が流布して後を追った若者がいたのである。影響は絶大であった。伊藤整は前著で、「多くの批判を受けながら、『巌頭之感』は、この時以後数十年にわたって、日本の青年が人生の意義を内省的に考える時の一つの型として伝えられた」と結んでいる。

頑張ったね

成果はその努力の現れである。具合よく仕上がればよし。思うようにはならなくても、またよし。全力を尽くした生命の姿がそこにある。そうとばかりは言えないけれど、だからと言ってこういう見方がないわけではない。要は、力を出しきらせたいのである。

思わず「すばらしい」と言ってしまったら、次にどう言うか。「見事な仕上がりだ」「上手にまとめたね」と重ねるか。悪くはないが、教育の領分から離れていく虞《おそれ》がある。第一結果が思わしくなければ、そんな言葉は出てこない。「『ごんぎつね』の勉強、頑張ったね。素敵なノートになったね」と言う意義は深い。

ゴム印では「頑張りました」系が低く見られている。「よくできました」に人気が集中、あこがれの花模様。そんなに欲しいなら勉強しなさい、すなわち頑張りなさい。むしろ「頑張ろう」系のスタンプこそカッコよくしたらどうか。

熱心さが開くものがある。脳の発育。「よし、やってやる」と心を決める。没頭する。その前向きな心を、態度を育てるのが小学校年齢の発達課題ではないか。適期。耳が紅くなるまで考える彼らの、シナプスが今結ばれようとしている。

机間指導で仕込む

どの教室に行っても同じような光景になった。子供たちの机が黒板に向かって縦の列を作り、それが六列くらい並ぶか。その列の間を教師が進めば、視察さながら。さすがに机間巡視という言葉は聞かれなくなったが、効果は同じである。管理重視？

仕方がないから、その場合は前から行かないことを勧めている。見下ろさないこと。圧迫感を与えるだろ。子供の背中の方から、邪魔しないように行け。

筆者の教室では少人数のグループが島のように点在していたから、いわば島巡り。後年あちこちに出向して十年で七つの机を転々、〽出先巡りの　と口遊んではかつての島々での、子供たちとのやりとりを懐かしんでいた。

で、机間指導。質問を受ける、ノートを見て作業や思考の進行を把握する、助言する、励ますなどなど。概ね個別の指導、子供とのやりとりを楽しんでください。これこそ学校生活の奥の院、キモ。学校にはこれがあると、一般には知られない。

これあってこその授業と、ベテランはここで仕込む。この考えを後で発表してね、板書してね、と。検証の場を構成、展開を構想する。深める段階に入っていけそうだ。いや今日は押さえる段階に止めるべきだ、押さえられていない、などと。

期待感が知恵を育てる

土曜日には宿題を出さないという担任がいた。今では金曜日には、ということになる。要するに休みの前の日には宿題を出さない。休みはまるまる遊べる。

それなら普通の日だって、宿題は学校でやってしまおう。放課後まるまる遊べる。学校は勉強するところだと、あたりまえのことが実現される。

どこの学級よりも早く、さよならをしてよい学級。司会になったら、と考える。どうすれば早く帰りの会を終わりにできるか。みんなにどう呼びかけようか。仕事の勘所はどこだと探索の競争。帰りの会は、発見・工夫を披露する場となる。かくして能率的な運営が実現する。無論同時に、能率的すぎて面白くないとの批判も続出、世論を形成する。

授業も同じ。今日の勉強、ポイントはこれだと把握できれば期待が出てくる。こうすれば解決できそうだ。でも、あんまり簡単すぎても面白くないね。

教室の中にもフォーメーション

筆者が初任の頃のアルバムを見ると、受け持って持ち上がった六年生の教室では、既にグループ学習が日常化していたことが窺われる。他人事のように言っているが、なにしろ古い話なので忘れていた。担任生活を続けているうちに、徐々にその形になっていったように記憶していたので、意外である。といっても担任の身分はわずか十四年で召し上げられた。その後は流浪の授業屋生活だった。

閑話休題《それはさておき》。教室内のフォーメーション、四十人在籍。朝は基本的として誰も疑わない形、机を縦列に並べる。何列だったかなあ、窮屈で最後尾はほとんど壁際。朝の会が終わると四人が向き合う形を作る。概ね十班。個別学習の場面がくると、縦に並び直している班もある。自習やテストなどになると全員前向き縦列になるのだが、次第に四人の島式が基本形となって、朝から一日中その形になっていった。

学習内容や活動に合わせた形態があるはずだから、それぞれに相応しい形態を工夫し、一時間の中でも数種取り入れ、素早く変化させて楽しませてやりたい。個別型、小集団型、コの字型、縦列、等々それぞれに学級独自の名前をつけて親しませたい。

とはいえご懸念のとおり、島式の運営には困難が付きものである。それが狙いであること
も、ご承知かと。世間がそこにある、人間関係の複雑が。子供の人生が。

教育相談的配慮の可能性

子供たちの笑顔で明るく終わった一時間。「おもしろかったなあ」と興奮さめやらぬ面持ちで話す子、まだ考え深げにノートを整理している子、等々。充実した学習だったという実感に支えられて、むしろ何かの始まりを期待させてくれる教室。子供と教師の晴れやかな姿には学ぶ喜びが現れている。教師なら誰もが望むひととき、学習の面白さを共有できた喜びは、何度味わってもよい。

そのような授業はどのようにして実現したのか。教科・領域、教材の本質に触れさせ浸らせるために、まず子供の実情に立って目標を設定、学習活動と指導が周到に工夫されていたのだろう。学習意欲を高める手立ても施されていたに違いない。

そうした多くの要素を巧みに織り込む授業設計は、教師の専門性なくしては考えられない。専門性を深めたくなるのも当然である。よりよき授業を求めて日々改善に努めるその探究心と姿は、潜在的教育課程としてはたらき、子供たちの知的好奇心を刺激して、よき授業の前提となるだろう。

さて、しかしそれで万全なのか。「人は好きな人、尊敬する人の言うことを聞く」とはローレンツの言であると、よく引かれる。信頼関係がなければ、せっかくの授業計画にも血が通わないこととなる。信頼関係の醸成こそ教師の専門性ではないか、深めよとの論調。教育相談の考え方、手法を授業実践に生かさないのか、と。

概ね妥当であろう。否定はしないが、ことはそう単純ではない。確かに授業中での学習活動など、個別になったときの一人一人への助言、支援は相談として捉えられる。いわゆる机間指導の場面。この状況で信頼を得る可能性は高い。しかし授業の肝心は、子供たちの多くの考えを綯交《ないま》ぜ、練り上げる段階にある。ここでの充実があってこそ教師は信頼され、その権威が向上することを忘れてはならない。

そもそも教育相談は場が一対一に設定されるのだから、教師との濃密な関係が成立したと思う子供も出てくる。私のことは先生が特別にわかってくれているからいいと口を開かない。その閉じられた関係性が、授業において教室全体に波及することはないのか。全体での学習時における教育相談的配慮というものがあるなら、それは実際どういうものなのだろう、何か実例を持っているか。筆者は持っていないではないが、その程度だからあえて書かない。

学ぶ喜びを積み重ねて、やがては難しさをも楽しむ授業、学び続けることに学習の意義を見出し、そこに自己を発見する教室。この理想を視界遥かに置いた場合、授業の実際の展開において教育相談的配慮が全面的に力となるのか、と問うてみたくなる。「一対一」などと聞こえてくれば、「発達課題」も出番だろうと顔を出しそう。

教育の目的は何ですか

と訊かれて、教育は人格の完成を目指し云々と教育基本法を持ち出すか。既に教員試験に合格して実践に励んでいる諸氏にあっては、そう応えたのではちとさびしい。学校管理職試験受験の準備に入っているのだろうと推察されて、即座にその話題は回避されるだろう。白ける職員室での団欒。

実践者であるあなたの教育の目的は、と訊かれているのである。では何と応えるか、筆者は、批判力の育成と応えていた。先輩、同僚との憩いのときに出る話題、どうして教員になったのかと、興味深げ。動機や経歴の披露だけでは、なかなか許してもらえない。学校の空気にさらされての、今の本音を言っていいぞと言われているのである。他を批判し評価する目を養い、進んでさて自分はどうかと反転させる力を育てたい、くらいにしておこうか。

批判は無論、現実をしかと見て受け容れることから始められる。現実を一旦肯定しなければならない。それには愛が不可欠だろう。深い理解に到るために。とはいえ曇りのない目の底に生まれてくるものが何がしか汚れることは、免れ得ない。次第に広がる視界は、どんな哲学をもたらすのだろう。救済は誰に向かうのか。

気をつけ、礼

「よろしくお願いします」と子供たちが声を合わせ、授業を始める学級がある。かえって自発性を低めていないか。「有難うございました」と合唱よろしく、授業を終える学級がある。何を勉強したかを忘れさせていないか。

惰性で行う挨拶は記号となって、何も生み出さない。学習者を個に戻さない。依存心を助長し、学習経験を相対化させる。

礼はまず、学習に対して。そして教師に、何より自分に。勉強の開始を自覚し、学習経験を意義付ける黙動の瞬間である。一礼してグラウンドに入る投手、ステージに一礼して家路につく演奏家。

「気をつけ」の前に、「自分の仕事を一旦やめてください」「静かにしてください」と言わせている教室がある。「気をつけ」がそもそも、今していることを中止して備えよとの合図であるのに。ここでもたつく。どうせすぐには気をつけにならないだろうとの緩みが発生。重ね言葉は効果を低下させる。一瞬の静けさの中でこそ、開始と終了をコントロールする対自的自己が育つ。

配り方の成長

印刷物などを子供たちに配るとき、教室の中がどうなっているか。興味をそそられる場面だから、意図して機会を作って観察させていただいていた。

担任に拠って方法は千差万別、研究対象としての資格十分である。担任が一列の人数を数えて、先頭の子から後方へと送らせるやり方が一般的なのであろうか。丁寧である。時間はかかるが、子供たちは高学年になって配付を任されるとこの方法に倣っているから、教育効果は大きいと言えるかもしれない。

もっともプリントを読み始める子もいたりして、後の子が「早くして」なんて叫ぶから室内しばし騒然ともなる。「足りません」なんて指摘があちこちから。

しかし筆者の経験は参考になるだろう。振り返らずに紙だけ勢いよく送った子がいた。後の子の顔に当たった。紙の端は刃物と化す。目でなくてよかった。

素早く、漏れなく安全に配りたい。プリントの配付も教育活動である。ここで、気を利かせる練習を積ませる。「適当に配るから、次の人に気をつけてね。後ろの方の人、調整、お願いいね」。前の方は素早くに、後方は調整に心を砕く。静かである。

ここでも「意欲・方法・志気」を高めている。集団の技能を育成する、短い授業。

「ケルルン　クック」がわかった

「気をつけ礼」と授業が終わった途端に、教室は大騒ぎ。ほとんどの子が席を立って、相手かまわず話しかけている。面白かったな、ケルルンクックだ、で騒然。草野心平の「はる」を読んだのである。

教師としては喜ぶまいことか。しかしその中に「ケルルンクック、わかったわかった」と手を取り合っている子たちがいる。満面笑顔の交歓。蛙の鳴き声だということは始めからわかっていたのではないのか？　そうではない。鳴き声が出てくる状況、理由、その場の光景など作品の世界が把握できたのである。蛙が土の中から少しずつ顔を出して視界を広げるように、三年生の子たちの想像の世界も広がった。

わかったと感じる中にある喜びのことを、忘れてはならない。理解の到達点である。それが悲しみであることもあるが。

わかるということは脳の科学では物理現象。喜びを感じるのも同じ物理現象だが、それぞれ別の領域での出来事だろう。この二つが出会うのは、正にメタフィジカルとフィジカルの結節。教育がこれを見逃すか？　わかり方と、その深まり、感受性の陶冶の契機を。

＊思想を薔薇のにおいのようにじかに感じて　T・S・エリオット「形而上詩人」

研究授業なんか、毎日やっている

授業は、ひとりカラオケのように悦に入っていても、上手くはならない。子供たちが聴いていることに気づかない。審査の発表は、同窓会の宴席まで待つこととなる。

研究授業を勘違いしていないか。理想の授業とはどんなものか、誰がやっても上手くいく授業とはどんな形かと求めてはいないか。そうではなくて、私が上手くやれるためにはどうすればよいのか、だろうに。

で、共同研究に励むこととなる。ところがこの学校、独自の方式開発に没入した。その成果大なるを以て一冊の報告書が出来上がったとき、何が起きたか。指導案が仮設する○○方式の完璧な実践が要求された。私の授業何とかしたい、普段の授業を、といった動機は最早遥か後方、面前には燦然と輝く専門的実践課題。しかしこれはたまのご馳走といったところが実情であろう。子供たちの栄養不足が心配になる。食事も授業も日々の楽しみではないか。贅沢をせずに献立の工夫をと言えば老婆心か。

たまにやるからわからない。実際毎日やっていると思えば、研究授業じゃない授業ってどんな授業ですかと、研究主任に訊いてみたくなる。型通りの授業もやる人がやれば型が活きて力となるし、一方磨き上げた挙句に、型に落としてしまう人もいる。立川談志は「何をやるかじゃないね、誰がやるかだ」と言ったと伝えられる。

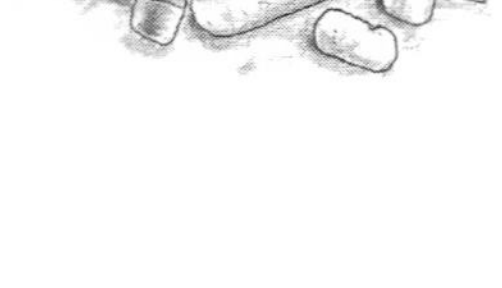

高学年の発達課題は何か

と訊かれても答えられない。難問である。しかしわかりませんと言えば、立ってなさいと叱られそうだから、無理やり答えて相手の出方を待つ。これを意識しない教育実践はありえないですよね、なんて減らず口も考えながら。

どこかの学校の経営要覧に「徳性を高める自己指導力の育成」という目標が書いてあったのを思い出す。でもこれは一生涯にかかる課題だから、小学校でのポイントは「九歳の壁」だろうと見当をつけてみる。とすれば言葉の領域が絡む課題となって「九歳の壁を越えて社会性を身につけさせる」が見えてくる。これを段階化して、

低学年　教師との一対一対応を基本とする三項関係の拡張

中学年　小集団活動による望ましい人間関係づくり

と置いてみる。すると

高学年　学級全体を相手にフォーマルなことばで話しあうことができるが、ひとつの可能性として現れてくると考えられるが、どうか。無論自分にも話しかけ、また自分とも論争するのである。ここに自己指導力育成の場がないか。

「九歳の壁」「二次的言葉」～岡本夏木『ことばと発達』（一九八五　岩波書店）

黒板消し

仮に黒板消しというものがあってそれを教室に持ち込んだとすれば、授業は停滞すること甚だしい状態となるだろう。サッとひと拭きしたらその部分は消えて、壁面が見えているという。いくら先生が魔法使いであっても、常用は慎まねばならぬのである。言うなら、黒板拭きであろうか。

黒板の汚れが子供の心を閉じさせる。ノートを疎かにしない子はもちろん黒板を大切にするが、どんな子だってきれいな黒板で勉強を始めたい。清新な心持ちがその時間への期待を高める。黒板は学習の拠り所なのである。

白々としたままの巨大な画面が目の前にあれば、子供たちは相当の圧迫感を感じているだろう。なんかきたないなあ、これでもう始めるの？　まだ前の勉強が消えていないような感じ、透けて見えそうと。いつもそういう状態であれば、子供もそれに慣れてくるから、それも恐い。勉強なんてその程度のことだよと、弁えさせてしまってよいのか。

歯磨きのように、授業後にケアしないと気持ちが悪い。日直の重要な仕事である。黒板ふきをきれいにして、大画面をせっせと磨いている忙しそうな姿が目に浮かぶ。生まれ変わったような、緑のフィールド。昔は墨を塗っていたそうだ。

心の荒れが見える

平成二十一年度は当初から、新型インフルエンザ流行への対策に追われた。学校行事が次々に縮小または取りやめとなって、秋に予定していた周年記念の式典も校内放送で行うこととなった。体育館は市内の小学校では一番大きく、他の学校の二倍はある。とはいえ、そこに子供たち九百人が集まった様子を想像すると、懸念が先に立つ感染状況であった。感染拡大を助長する場になりはしないか。出席予定の来賓や保護者・ＰＴＡには理解をいただくしかないだろう。

感染が世界的規模になるだろうとの予測と警告が出て、社会全体が騒然となっている。一学校が到底太刀打ちできるものではない。それでも、学校としてどうするかと方針が求められる局面がある。保護者は心配を隠さない。子供の健康を、同時に教育実践の停滞を危ぶむ。学校も同じ気持ち。なんとか子供の健康と教育活動を両立させたい。

日々の感染状況把握は、養護教諭が身体を張っている。職員に周知、学校医に報告・相談して学級閉鎖を検討、学年閉鎖、さらには学校閉鎖の決断にも臆しない覚悟を持って、日々の教育に取り組んだ。近隣の学校と連絡を取り合い、互いの判断は妥当かと協議を続ける。教育委員会との情報共有は欠かせない。丁度校長会を預かっていた筆者は、電話での連絡・

交渉・調整に明け暮れた。あれもこれもと一刻を争う。

給食費の返金事務が大きな課題であったことを覚えている。長期の欠席や出席停止などで給食を止めた場合は給食費を返金することとなるが、なにしろ該当の児童が多い。爆発的に増えて、一人一人病状が異なり欠席期間もそれぞれである。何日分返さなければならないのか、数日で出てくるつもりが長引いたので給食を止めていなかった、などが続出し、新たな判断も必要となった。

過酷にも見えるその事務の足並みを揃えるについては、校長会幹部の力技とも見える確実な対応がものを言った。これを事務職員が実務として整える。処理を進める。かくして校長室の窓から運動場に目をやることができたのである。廊下を回ることが。

子供たちの怪我が増えていた。言葉遣いも荒くなっている。新型インフルエンザ感染予防の指導を続けながらどの教員も、別の何かが感染を広げていると感じていたに違いない。学校行事の意義をあらためて実感した。学校は人と人との出会いを経験する場である。学校行事という特別活動の授業が、授業の在り方を教えてくれた。

学校は感染症の坩堝である。子供も教師もその只中で毎日を過ごす。その意義を忘れてはならないが、危機的状態は避けたいに決まっている。ならばと医療を志す子が出てくれないか。医療立国を目指すという方向もあるだろうと思う子が。

心の中の「右、左、右」

交通安全のため交差点では、「右、左、右」を確認しなさいと、先生方から指導され繰り返し注意もされて習慣化し、そうしないと気がすまないようになっている。登下校のときなど十字路で立ち止まり左右を確認している姿に出会うと、それが高学年であれば静けささえ感じられて、成長を実感する。児童期特有の知性を感じたりする。

立ち止まるのが、十字路だけではないからだろう。教室で問題を解いているときも、待てよと立ち止まって、大切なことを落としていないかと視点を広げている。考え方をさらってみたりしている。友達との関係で悩むとき、待てよ、何か忘れていることはないか、気づいていないことはないかと振り返ってみる。あれこれと思考を巡らす。習慣づいた「右、左、右」、「待てよ」と立ち止まる習慣。

卒業する子供たちを前にして考える。「卒」は終えること、「業」が仕事であれば、仕事に一区切りつけた彼らの、その仕事とは何だったのだろうか。教科や道徳の勉強、クラブや委員会の活動、行事もたくさんあった。もちろん、教室での友達との楽しい語らいの中で友情を培うことも。たくさんの言葉を覚え、物事の成り立ちを知り、難しい計算もできるようになった。

しかし肝心なのは、そうした数多くの勉強が別々のことではなかったという、統合の視点である。分化されたそれぞれの勉強が一人の人間の中の営みにあって、自己を大きくするために必要な仕事として作用しあっていたということである。

例えば算数を勉強することは、数の仕組みを知り、計算ができるようになるためだけなのか。一足す一が二であると知れば、それでよいのか。そうではない。二足す二は四で、十足す十は二十だと見当がつく。これが大切なところで、こうすればこうなるとわかれば、これはこうなると見当がつけられる。

生活の中で何か問題にぶつかったとき、どうしようかと考える。悩むこともある。そんな時どうするか。前にこんなことはなかったか、あの時はどうしたかと思い出したり、今はこんな力があるからこうしてみようかと考えたりする。見当をつけたり、見通しを立てたりする。反対に、こんな風にすると悪い結果になるだろうから、こうしてはいけないと、自分を押しとどめたりもする。自分に注意する。算数を通して、自分の行動をどうするか勉強していたことになるのである。

自己の中に、自分を立ち止まらせ、また導くもう一人の自分が存在し始めていると直観しているかもしれない。自分を励まし、時には叱ってくれるもう一人の自分、そんな自分がいると気づけば、いわばその人をどのように受け容れ、この先どのように折り合っていこうかと悩みも出てくるだろう。自己指導力が育つ局面であると捉えれば、発達課題となる。メタ認知の成長から考える向きもあろう。いずれにしろ形式陶冶論の入り口になると考える。

六年生が感じている自我の在り様、あるいはそれへの予感を読んでみよう。(1)

その人

船橋市立習志野台第二小学校六年　東村記人

前に誰かがいる
いつもぼくの先を歩いている
かさをさして
一人とぼとぼと歩いている
すべてを見とおす目つきで
歩き続けている
何を考えているのか
なんのために行くのか

ぼくにそっくりなその人
ぼくはその人に少しでも
おいつこうとする
不思議な気持ちになりながら
だれとも知らないその人に

この作品が読売新聞社主催の第28回全国小・中学校つづり方コンクールにおいて、特選・文部大臣賞を受賞したことは書き添えておかねばならないと思う。優れた作品であるという判断は、出合ったときから今も変わらない。そのときから、エリオットの「J・アルフレッド・プルフロックの恋歌」(2)を思い併せている。「さあ行こう、君と僕と」で始まる青春の迷いの、序章のようである。

(1)『つづり方特選作品集』一九七九　東京書籍
(2)T・S・エリオット『プルフロックとその他の観察』一九一七

心は捨てられるか

朝の光の中で思う。今日には今日のインスピレーションがある。受信装置として自分は整備されているか。性能を高める心の実践を励行、日々のエクソサイズ案。

1　インスピレーションを受ける心…書き留めて、迷ったらここに戻る

2　初めてのところに行ってみようとする心…そこに自分の居場所を見出せるか

3　そこで一歩を進めようとする心…欲張らず、しかし怠らず

大きく出ているようで、実は弱気になった日のお守り言葉。だがこれに勢いを得ると、捨ててしまいたい心もある、などと考えてしまう。

心の錆は落ちにくい。侵食される虞あり。既に手遅れか。そんな心はいらない。

1　とりこし苦労に囚われる心…自分の思い込みから出られない

2　失敗を恐れる心…歩留まりを低くしている

3　普通こうだろうと思う心…新たな可能性を失う

本当に捨てられますか？　想像力の劣化も心配しないということ？　慎重さを放棄するの？　常識とどう付き合うの？

心を傷つけるとはどういうことか

恐かった、嫌な思いをした、悲しかった、悔しかった。そんな思いが後々まで残っていれば、それが傷なのであろう。なくなっていないから傷なのである。ではそれはなくなるのか。治るなら、どのようにして治るのか。

身体についた傷はどう治るのかと、古い傷跡を見てみる。肉が盛り上がっている。元通りにはならないようだ。新たな、いっそう丈夫な組織を作っている。回復への営みは新たな局面を開いている。

人は皆、今日の生活を支える論理を持っている。そしてその論理が壊され、あるいは壊れかけるときがある。どうやって回復させるのか。いっそう丈夫な論理を盛りあげるほかはない。心の拠り所を、精神の拠り所を。拡張された新しい領土が人生に厚みをもたらす。

身体にも心にも傷はつく。感情ばかりか、知性にも。

誤答は宝物

と言ってみたい。なにしろ、よくできましたが幅を利かせている世である。間違いを大切にして、そこから改善策を見出すことを学問とされる方がおられると聞くが、着眼のスマートさに惹かれるものの、一体何が解明されるのだろうとやや懐疑的。パンチ力は如何ほどか。失敗とは何か、という研究が実生活ですぐに役立つんですかとの声が聞こえてくるのである。間違いのストレスを改善のパワーに転換させるには、相当骨が折れる。

ただし授業では、これを疎かにしてはならない。もちろん、間違いなら何でもよいというものではない。誤答が即ち意義深いというものでもない。しかし初めから正答が出るなら、出放題なら学校はいらない。思考を練る場がなくなってしまうではないか。間違いが、誤答があってこそ、その検討がある。思考実践が実現され、その過程を表現する場も設定できるのである。これを称して、学習活動という。

いえば形式陶冶の実践である。そのタネとなる、誤答なる原石を発見できるか。子供たちとのやりとりの、その瞬時に。磨きこめば光りそうだ。間違え方が素敵って何回か言ったことがある。あんまり簡単に答を言ったのでは面白くないと、わざと誤答を提出してみせる子もいた。

子供同士でないと解決しない

憂国の士が密室で養っていた考えが、そのまま行動に移されることがある。抱えているうらみごとを次第に練り上げ、犯罪となるも省みずといった偏執に囚われることもあるだろう。個の考えが集団に展《ひら》かれずに穿《うが》たれていくと、蛮行の虞も出てくる。反省や反措定を容れない考えは説得力を持たない。途が一本しか見えなくなるのである。原子爆弾の開発など、着想と、その具現推進は公にされることはなかったのではないか。

教室の中での学習は、個に生まれた考えを集団で揉んで個へと返す。学校教育の意義はここにある。同じ釜の飯を共にした者の論争は得難い。まして同年齢が集まった学級であればなおさら、である。やがて異年齢集団の中で論争ができるようになる。道理を探るセッションが。

子供たちの中に生まれる難しい問題は、子供同士が論争しないと解決しない。年長者が口を出さないという極限状況にいる真剣さが問題を実感させ、現実における自己の存在を自覚させる。人間関係というものの実際に立てたことの達成感と、そして自分たちで解決できればその満足感において、納得が得られるのである。

子供は感動を欲している

子供は何故、毎日学校に来るか。
感動が欲しいからだ。
私たちは何故、毎日仕事をするのか。
今日のアイディアを実らせたいからだ。
私たちは何故、生きていこうとするのか。
今日のインスピレーションに身体が震えるからだ。

さ行

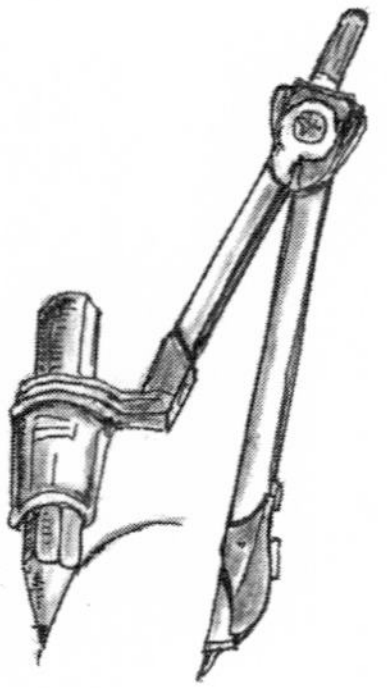

サンキュウ　エブリバディ

年休をいただきます、権利だから、などと室長と冗談半分でやりとりして、付近に居た同僚と年休談義に花をさかせているところに所長が登場。君たち何を言っているのかね、心得違いをしてはいけない、と何やら説教口調。皆慌てて仕事に戻ろうとしたところに更に一声。年休は義務ではないか。

先に立つ方の見識に感服して、それからは「年休エブリバディ」などと呟く職員が増えた。「連休エブリバディ」とも。休みの日に出てくると、そう言っている。「産休」はともかく、「育休」もエブリバディである。

小学校の学級担任は年次休暇が取りにくいという現状にあるのではないか。しかし取得を可能にしている職場もあると聞く。どんな運営が為されているのだろうか。日々発生する様々な運営上の課題を積極的に受け止められるよう、予測し対策を立てておくことを経営の柱とする思想があるのだろう。

教員たる者、休暇の取得を職業論として受け止め、各々の道を拓いてよき人生、遅滞なく義務を果たしたいものである。小中学校は、義務教育である。

ジミーはどんな大人になったか

ジェームス・ディーンは自動車事故で亡くなった。一九五五年九月、享年二十四歳。成長することの不安や苛立ち、そして怖れ。その解消策が問題行動の形をとって現れる。背中からしか人とかかわれない、反抗することでしか社会に入れない。敵を作ることで自己を立たせ、倒すことに全力を注ぐという不条理。でなければ、逃げ込む領域を作り出す。そこから出ない。実は出られないのだが。

ジェームス・ディーンが早世しなかったら、その後銀幕でどんな姿を見せてくれたのか。どんな人生を。どんな哲学を。映画制作者はどのように興味を持ったか。そしてそのことで世は、どう変わったか。とりわけ教育の世界は。

「エデンの東」や「理由なき反抗」は、文部省選定の映画となったのかしら。映画会の日があった。授業無し、全校の児童・生徒が朝から列を成して映画館に出張した。

社会の変化に対応できる能力

どこかで聞いたような言葉である。ダーウィンに登場願っているらしい。審議会あたりが論議の中で思い出して、借用に及んだのであろう。

確かにその歴史的大著からは「変化に対応できる者が残る」との説も流れ出るのであろう。しかしだからといって、この急速に変化している社会に対応することが必要だと思うのは、早計である。ダーウィンは自然の変化を言っている。自然を変化させてしまっている人類がその変化に対応する図は、戯画めいていないか。これに気がつけば逆に、変化させないような取り組みの実践の推奨となるが、無論人間のことなどお見通しである、自然は。お前も、その放埓も俺の一部だと。

まして昨今の変化は、変化というべきものではない。単に技術開発の流れがそう見えているのであって、それは社会を成り立たせる必然ではない。変化ではなく、単一な思考の自足運動と言えるだろう。変化があるとすればそれではない。そうした見かけの変化の根本にある、人が社会が永い年月をかけて耕してきた考え方や技術、即ち文化についてである。現下、それらをむしろ捨て去ろうとする傾きがある。

文化を、そしてその前提が何であるかを忘れてはならない。自然とは何かと考えることを、畏れることを。生き延びたければ、であるが。

進化論の単純な利用は、評判が下がって久しい。明治十五年に刊行された『新体詩抄』に対する批判を参照されたい。

宿題出すなら、問題作り

文章題が難しいと思う人は、計算式の形でもいいよ。五問まで頑張ってみなさい。できるだけでもよい。

今日は珍しく宿題が出た。どうやら算数らしい。「えー！　答も出してくるんですか」などと質問が飛び交っている。怒号渦巻く中、「うむ、どうするかな」と先生は、ニヤニヤするばかり。

世の中には答を出すことに優れている人が山ほどいる。教育の成果で、悪いことではない。一方、よい問題を作り出せる人は少ない。どちらがまず、必要か。答を出す技術を教えるのは、問題を作り出す力を養うためであることを忘れてはならない。算数だけではないことは、言うまでもない。教科それぞれに相応しい問題がある。

筆者は駆け出しの頃、授業研究といえば問題作り、課題作りの段階に重点をおいている学校に奉職していた。これが職業的課題となった。課題を、課題性を見つけられるか、問題を立てることができるか。今では自己の、人生実践の視点となった。

出席は敬称略でとる　空《そら》でとる

身分が問われる場面では、敬称は略される。小中学生という身分で出席しているのである。その身分において出席資格を得、権利を行使して義務を果たす。出席をとることは単に来ているかどうかの確認に止まらず、出席することの意義を確かめあう作業である。社会的存在であるという基本を確認しあう作業である。健康観察と混同してはならない。

教育実習の初日、その朝、指導教官六年一組担任飯田紀代子先生は、出席を空でとられた。名簿を持たず、教卓の前に立って一気に点呼された。子供の顔を見ながら、その表情や、返事の声の調子から状態を把握するようにとの指導をいただいた。

よきリズムに所属感が生まれる現場、その清々しさに打たれた。

好かれ過ぎず嫌われ過ぎず

淡きこと水の如しと言えば、荘子である。そんなに厳しいことは言わないが、子供たちに、親御さんたちに何かを言いづらくなったりするのは好ましくない。好意を受けるのもほどほどにしたい。

嫌われるについても怖がりはしないが、ほどほどで止めておけないか。いわば淡い交わり。それでも忘れられないことはある。むしろそれなればこそ。

好き嫌いをなくす

校内のマラソン大会で順位が下がって悔しいと思うのは、よい。思わぬ子もいるくらいだ。だがその気持ちを認めてやるだけでは指導にならない。共感を隠してまず、何故そうなってしまったのかと理由を考えたり、対策を立てたりするように導いてやらねばならない。そのようにしてはじめて、来年に期待だね、との励ましが力を持つ。

感情のみで物事を見ていると、論理が感情に支配されてくる。反応と判断が、内側でからまわりして外が見えなくなる。周囲に敵対する傾向も出てくる。楽しい、うれしい、おもしろい、やさしい、難しい、つまらない、おもしろくない、こわい、やりたくない、めんどくさい、気に入らない、はずかしい、頭にきた・・・だけでは人間的な成長は望めない。

外界の難事を受け入れ、措定として取り込んで、葛藤の末に世間に流通する論理を育てる。そこに授業というものの意義があるのではないか。理を教えるのが。

好き嫌いがあったのでは、よい身体はできない。健康になれない。精神は高まらない、深くならない。栄養素の偏りに注意と、栄養士諸氏が日々目を光らせている。

生徒指導の免許は持ってません

そんなもの、誰も持っていない。この先生、問題が起きたら専門の先生がやるんでしょ、との構えである。学校で行う教育活動はすべて生徒指導である。生活指導と言うべきだという論もある。いずれにしろわかりのよい言い方ではないが、要は生き方の指導である。

教科の授業では、初歩の学問を学ばせることで学業を身につけさせる。真理を追究する態度を少しずつ育てて、人生の形式を予測させるのである。

小学生は小さい学生、中学生は学に中《あた》る段階となる。中学校に通う生徒だから中学生では、そこで話が終わる。

初心者が授業がうまくいかない、と言う。国語や算数だと思うからいけない。指導はすべて生徒指導だと思えば、道が開ける。

世界は脱線を待っている

無論、授業中での。脱線を含まない授業は味気ない。といっても脱線しっぱなしは論外であること、言うまでもない。転覆に到れば信頼を失う。上手に復旧することが、脱線歓迎の前提である。すなわち脱線の仕方が評価されるのであって、教師の持ち味がここに出る。つまり持ち味があるかないか、が。

授業の骨格に肉付けが凝らされているか、どんな工夫があるか、それがないことは即座に見抜かれるのである。先生、手を抜いたな。

学習指導案に書かれているとおりに進めればよいと考えていれば、子供たちもそのように対応するから、そこには何ごとも起こらない。台本通りに事故もなく進めば予定された駅に到着。列車の中では楽しいことはなかった。何も憶えていない。肉がない。骨は食べにくい。

おもしろい学級を作りたいのである。興味深い学級を。集団生活にユーモア、ウィットの空気を。質の低い笑いが省みられなくなるようにするために。

先生、これ！

と言って、走ってきた子が両手を差し出した。両掌で作った皿に、何か大事そうに載せている。息がまだ整わない。輝く目。そこに何があったか。今年初めて見つけた氷か、蝉の抜け殻か。これを「近頃の子供はものが言えない」と評価して、「これがどうしたの」と返すか。お母さんに負んぶされた子が、声を出して指を差している。何か気になるものがあるのだろう。母親もそれで気づいた。風船がひとつ飛んでいる。同じものを見ることができるフォームである。

若い二人に言葉は要らない。沈む夕陽をだまって見ている。夕凪の海岸に座って、同じ光に照らされている。同じ世界に居るという実感の中で信頼を確かめているのであろう。

一朝事あって子供と向き合えと言われ、あわてて面談、個別指導を企てて効果は望めるか。日頃、同じものを見ていたかどうかが問われてくる。三項関係に学べば、信頼関係を築くためには、同じものを見ることが不可欠と知られる。集団の目的意識を醸成する方法、集団形成の前提であるとも。最近は、ずっと向き合うフォームの母親がいる。安全でしかも楽だろうが、子供の目が外に向くか。

先生、自習にしてください

と請われたら、しめたものである。このところ夜のリフレッシュ活動に力を入れすぎて、お疲れ気味の午後。それでなくとも食後は魔の時間帯、年齢を問わず襲いくる睡魔。「何かしたいことがあるの？」と、訊くだけは訊いて「なるほど、じゃそうしなさい」なんて、渡りに舟である。堂々と教室前方中央に椅子を運んで、子供たちの顔を眺めている。勉強の邪魔をするなど以ての外、教師にあるまじき行為である。

静寂が支配。研究室と化した教室。秋の日射しが心地よい。

しばらくして、聞こえてくるささやき、「まだ起こさないほうがいいよ」「でも時間だし」などと。そして耳元で「先生、先生、帰りの会、終わりました」。

学習計画があって、実践の方法が身についていれば、あとは自学が中心である。意見の交換もそれなしには成り立たない。学習の根本は自学自習だと気づけば自ずと、学習指導とは何かがわかってくる。

先生　と呼ばれりゃ行かないこともない

「先生、子供たちに大人気、評判いいですよ」なんて保護者からの情報が入っても、有頂天になるのは禁物。慕われているんだなあと、放課後の教室に一人立って、子供たちの顔を思い浮かべて悦に入るなど十年早い。何年経験を重ねていても、そんなことを思うなら、まだまだである。古い手に引っ掛けられていると気づいていない。

よく訊いてみるとよい。何でも聞いてくれるし、やってくれるから、私のかわりに考えてもくれるから、ではないのか。

勘違いしてはならない。自分は信頼されているのか、それとも甘えの好餌なのか。

先生！　と呼ばれて席まで急行、新米の店員みたいに子供の要求を鵜呑みにしているという。教師であれば、先生のあの厳しいところがいいね、と評価されてこそである。

接客業こそ厳しい。専門性において。良薬が売れるかどうか。口に苦いのだってあるだろう。内心は相当頑固にもなるだろう、目先の利益は度外視、客が本当に望むべきものを見抜く。「さすがですな、それならこちらもご存知でしょう、ちとお高いが」とか何とか、客を専門性のフィールドに引き込む。買っていただけるかどうかが勝負。

教員がサービス業であるというなら、なるほど公務は奉仕である。したがって何に対する奉仕であるかを考えなければならない。

先生は友達じゃない

先生が友達であり、さらには父親や母親と同等である段階がある。それを求める成育歴を持つ子もいる。

しかし先生は先生という特別な存在であると、認識させていくことが必要である。先生という他人と交わるうれしさはほかでは味わえない。大人という、社会を体現する存在と交わり認められる充実感が社会性を育てる。

小学生の教師への攻撃的な発言や行為は、概ね先生を身内として捉えている感覚から発する。第三者にはしない。身内に認められたいというコンプレックスの現れである。従って幼さの発現として理解される。

長じて攻撃性が昂進し対象を広げたとしても、根は幼児性にある。

＊山崎勝之・島井哲志編『攻撃性の行動科学』（二〇〇二　ナカニシヤ出版）

先生、魔法を教えてね

今日はどんなお話で始まるのかな、と先生が来られるのを待つ朝のひととき。教室は何とはない期待感が充満している。興味や関心を掻き立てる昨日今日の社会の動き、思いがけないところで発見した季節の表れ、家庭での出来事等々、子供たちの心の中は話題の渦。それらに共感を得たいし、未知の話題に驚きたいなどと思いながら登校してくるのである。先生ならそれらを取り上げてくれるのではないか、私たちの知らないところまで話してくれるのではないか。簡潔で味わいのある話しぶりが楽しみ、と。

子供たちの期待感に応えているか。いや、期待を超えているか。今日の予定を事務的に話すだけになっていないか、厳しい注意ばかりに。今日一日をどう過ごしてどう意義づけるか。どんな気持ちで、どうスタートすればよいのかという学習であることを忘れてはならない。朝の学級活動はその実践の場なのである。

なるほど日常というものの探求は人生の課題である、などと大上段に振りかぶって顔を強張らせなくてもよい。授業中も子供たちは、どんな楽しいお話があるかな、私の心をどこへ連れて行っていただけるのかな、と楽しみにしている。であれば既に、信頼関係が成立している。

これが言葉の運用を学び、知性や感性、社会性を育てる基盤となる。教師の、人間としての大きさ、幅の広さが、子供たちを香りのように包み込むのである。これを薫育というらしい。

おはよう

おはよう
さわやかな笑顔で
今日も
楽しいおはなし
しましょうね

おはよう
なかよしの
元気な仲間
先生
魔法を教えてね

おはよう
雨の日も
友達だから
明るい歌声
合わせよう

＊拙著『歌え小学生　ほんとはむずかしい五つのことば』（二〇一五　樂舍）

早期対策・職業病

教員は孤独な職業である。常に人の前に立ち対他意識を発動し、他からのそれに晒されてもいる。児童生徒、保護者、同僚、地域社会など、意識せねばならない数は常人のそれを超えて、さらにその先が行政組織やマスコミにも繋がり、膨大となる。

いきおいそれへの防衛策として対自意識が強化される。これで大丈夫か、と。いつ何時、批判攻撃の動きが襲うかわからないのである。通常君主として奉られている立場である以上、仕方がない。

したがって一旦この立場を離れれば、自己意識の偏重が行き場を失う。狭い世界から出られないまま、自己に執着する。立場を守って周囲の現実との齟齬に不機嫌となる。医師はこれを鬱と呼ぶ。世間は呆けと認識する。

精神衛生を図る術を持っているか。こうすると元々の自分に戻れるという営みを。高いものを求めている自分に戻れる活動を。精神を養う道を歩んでいると実感しているか。趣味でよい。それを哲学にしてもよい。そこに自己を捨てることができれば。

一庶民であるから、その辺を歩いている人と話ができる。若いうちからでも、今からでも、授業を捨て身でやればよい。

た行

立場というものがある

集団の一員であれば誰でも何らかの仕事を受け持ち、責任を果たさねばならない。

分担された仕事においては、リーダーともなる。すなわち学級に所属する全員に、リーダーとしての力が求められるのであって、ここにキャリア教育と呼ばれているものが存在する契機がある。リーダーとしての力量が容易く育つものではないとの認識から、教育活動が位置づけられるのであろう。このいわば、困難にどう取り組むか。

指導であるから段階が必要である。まずは自分にもリーダーとなる場面があると、自覚を持たせなければならない。朝の会や帰りの会など当番で回ってくる司会の活動や係りの活動での連絡活動なども、このための実習の機会として位置づけたい。話す言葉が定型であっても、内容が簡易であっても、全体の前に立ったらどのような態度をとるべきかを学び自覚させる機会になる。

○その表情で皆を勇気づけられるか
○その姿勢や態度で皆がやる気になるか

○その言い方で皆が元気になるか
○その一言で皆の心がひとつになるか、キビキビするか
そのために、何か一言付け加える練習を重ねて
○誤りはなかったか、適切な指示、方向付けであったか
と自分で評価できるようにしてやりたい。

この間リーダーがすべき仕事の内容について、教師が十分に手助けをすることはもちろんであるが、自発性を発揮するよう促して、徐々に相談を受ける形にしていきたい。

たとえ自分がリーダーの位置に立っていない場合でも、その重要性と難しさについて認識していれば、集団の成員としての自覚と責任が理解されてくるであろう。今、リーダーではない私がすべきはこのことである。そしてリーダーに望むこともある。リーダーをリーダーたらしめる言動は、集団の質を高めるだろう。その批判と協調において。

キャリア教育と職業教育は異なる。子供は学校生活において、様々な立場を経験する。キャリアを積むのである。

小さい声結構、言葉ははっきり

「もう少し大きい声で」と、どうしても言ってしまう。そう指示して悪いこともないが、その指示はいつでも適切なのか。成果はあがったか。そもそも発言は、大きい声ならばよいのか。はっきり聞こえても、心に入らない声もある。求めたいのは、よい声である。よく透って、心に自然に入ってくる声。

「大きい声で」と指示すれば、言葉が出てこなくなるのが実際のところだろう。話型にも影響、伸びやかさがなくなる。「言葉をはっきりさせなさい、無理をしない大きさで」と方向づけたらどうか。構音を意識づける指導である。

構音というからには、母音と子音。そのコンビネーションの修得。ここで「誰々さんは、～ですというときの、すがきれいだね」などと評価してみたければ、臆せず実行。言葉そのものへの意識も高くなる。声そのものばかりでなく、透る言葉が育ってくる、だろう。ビームのようにどこまでも透る響き、細く強い真実。

＊拙著『国語屋の授業よもやま話』（二〇一二　竹林館）

近づき難い　触れ難い

何気なく肩を叩くこともある。親愛の情の表れであろう。ぞんざいな口調で話すこともあるだろう。身内であるとの認識を共有したいばかりに。

だが、ひとたびその子の清らかさに気づけば、近寄るのにも覚悟が要る。個別に話さなければならないとき、さらに手をとって指導する必要があるとき、自分は教師であるといっそう自覚されればよし、その子はいっそう輝きだすだろう。

知識を与えるだけの授業に教師はいらない

その知識を得させればよいというだけなら、プリントを与えて○×をつけてやればよい。ドリルにすればなおよい。反復練習は効果絶大である。

では解決の過程を、時間をかけて積み重ねているのは何のためか。思考の進め方やその形式を経験させているのである。推論の過程を、そしてそこから生まれる解決や発展の見通しを、集団の中でどう表現するか、したいのか、実践させ実感させているのである。

反復練習に取り組む子たちの姿に何を見るか。教育方法の帰着点か。それとも知を肉化しようと磨く表情の真剣さか。この知識は友だちと練り上げたもの、耳が紅くなるほど考えた掛け替えのない大切なもの。そう、学校は大切にすることを学ぶ場ではないか。今日は何を大切にした？　友だちと、先生と見極めた知識の温もり？

知というものが、情報という扁平なものになってしまわぬよう努めている、これを教育実践という。

知的甘やかしを重ねていないか

気をつけ、礼　が終わるやいなや先を競って外に出て行った子供たちが帰ってくる。業間の休み時間は長めだ。楽しい。今日は曇り空、北風も寒かっただろうに、「温まった」と言う子、「ああ寒かった」と言う子、どちらも平気な顔だ。寒いから中で遊びなさいなんて言わなくてよかった。勉強だって、けっして好きじゃないけど、やるよ。

甘やかす必要のない事がある、ということである。知的にも、である。生活態度をうるさくは言っても、知的な方には甘いということはないか。

自力解決の段階で予想が書けない子には、一語でも二語でも書かせる。自習の時間にやることが決められない子には、せめてノートを出させて昨日の勉強を振り返らせる。発表のときには、文末まで言い切らせることが肝心である。おしゃべりな子がよく考えているとは限らない。係り結びに努めない子、口真似人真似で済ませている子、感情の吐露に終始し、また勝手な理屈を並べる子もいる。その場その場で適切な文末に導くことを怠ってはならない。思考の形式を教えているのである。

知的な課題を自分で、自分たちで解決したという喜びがわからない子をつくっていないか。ノートを出して○をもらうのが、子供の仕事ではない。

ちゃん から さん へ

筆者は概ね子供たちを、さん付けで呼んでいた。男子は～君、女子は～さんが一般的だった頃だから、どうして？　と訊かれたことが再三あった。奇異に思われていたのだろう。もちろん、君を付けることもあったし、敬称を略すこともあった。状況によって意図的に、である。小さい子でも、～ちゃんはほとんんで遣わなかった。～さんの幼児語だから、小学生には相応しくないと考えていた。

もとは～様だろう。それが～さんになってきた。試みに「ん」を「ま」にしてみる。大仰な感じが戻ってくるのが、口の運動から実感される。あらたまった呼び方をしたいが、～様では過度だと判断されるときに、「ん」に助けてもらう。永い時間を経て定着したのであろう、と勝手に思っている。いずれ人を大切にする本質は不変である。

子供たちをどう呼ぶかは、待遇表現の課題として論議されていくだろう。それが国の文化の在り方に及ぶことに気づけば、さん付けを免罪符にしている場合ではない。子供を妙に大人扱いしてしまったり、お客さんにしてしまったりしてはいないか。反対に名前のみで呼ばれることも経験させておかなくてよいのか。敬称略と、前もって断りを入れる配慮に努めているか。親しみはどのように表現されるのか。

手間暇かけなきゃ

同僚の金言は沁みてくる。こんな場合にも。何度言ったらわかるんだ！　と大きな声で子供たちを叱っている先輩がいて、その人はいつもそんな風に子供に当たっている。そんなこと言ったって相手は子供なんだから。すぐに教員の思い通りにはならないよ。だいたい一度の注意で済まそうとする側に問題はないのか。一度で済めば学校はいらない。同僚が四人卓を囲んで、批判というより呆れている。で、手間暇かけなきゃ、が出た。

筆者は仕合せなことに職場で、尊敬できる方々に恵まれた。先輩、後輩の別なく、素晴らしい人たちに出会うことができた。思考形式と話し方の多様に触れて、人間というものを、そして社会というものを考えるようになった。

退勤後は中華風ミーティング、それが跳ねて、帰り道で考える。固体発生が系統発生を繰り返すのであれば、そこに時間的な短縮がある。しかしだからといってこの過程を忘れてはならないだろう。ほんの形式的なものです、なんて考える向きはさすがにいないと思うが、普段意識することでもない。知っています、高校の生物で習いました、くらいか。あまり自分のこととは考えていない。

母親の胎内で行われていることなので、そこでどんな歴史のスペクタクルが展開されたかは誰だって憶えていないだろうが、生まれた後の心の成長を思い起こして辿ることはできる。そうすれば自分が、人間という生き物が辿る段階の、今そのうちのどの段階に居るのか、見当がつく。進行中だと実感できる。

今では何気なくできることも、膨大な時間をかけてできるようになったのである。身体組織を複雑化してそれを統御し、生物としての幾多の困難も越えてきた。自分はその、系統街道の最前線にいる。自分は今、どこに行こうとしているのか。時にはそう、大上段に構えてみるのもよい。すると、現下の時間短縮路線・便利さ追求大合唱が白茶けて見えてくる。生物学的過程を外れているのではないか、人間的な生ってそんなものかなどと、世の言説が誘導的に見えてくる。何のために系統発生初期が短縮されているのか。そうか、今、手間隙をかけるべき何ごとかがあるのか。

ところで一方、自分はできるだけ簡単な方法を探すよと言った同僚がいた。数学畑。これに筆者は、文系だから、できるだけ面倒なやり方を好むよ、石橋は叩き壊すまで叩くと応酬したが、なによく考えてみれば彼だって、数学的真理に拠ることを旨として、方法の探索に手間隙をかけていたのである。

手間隙かけなきゃ、何ごとも成らない。育たないのは、子供に限らない。

登山が目的ならロープウェイは使わない

わからせたか、わからせられなかったか。できるようになったか、ならなかったか。学習指導案の本時の指導の評価の項には、そう書いておけばよい。それが一種、礼儀ではある。しかし本気でそう思っている教師はいないだろう。もしそう思っているなら、専門性を疑われても致し方ない。義務教育段階での教育の要諦は、わかるかわからないか、できるかできないか、ではない。一所懸命に取り組む力を育てているか、である。

関心の扉を開き、夢中にさせ、実効の高い学習を工夫させ実践させる。その成果がいつ、どのように現れるかはわからない。個々によるのである。いずれ、徐々にであろう。

これが、発育・発達の理に適っていると知りたければ、大脳の発達に関する学問成果を参照せられたい。腕の立つ教師は、すぐできるようにはさせない、わかるようにはさせない。知識に到り、技能を獲得するために、どれだけの体力を必要とするかを、体得させる。「先生、ロープウェイ」と言われても、耳を貸さない。

ドラ焼きやサンドウィッチは丸ごと食べる

皮と具を分けて食べるのは特殊な場合である。作文は「はじめ、なか、おわり」で考えなさいと指導する人がいると思っていたら、今では皆そう言っている。変だと思う人はいないのだろうか。

文章の構成を言っているらしいと推察はできるが、言葉がよくない。実際に作文演習でこの学習用語が役立っているかと、子供たちの姿を思い出してみるとよい。構想メモという表のそれぞれの欄に、書くべき要点を入れていく作業が進んでいる。さあ後は、これらをひとつひとつ文にしていけばよい。文章は一丁上がり。だろうか、果たして。よく見るとよい。書ける子が書けている。

この用語は、後付けである。書かれたものを見て、文章はそのようにできているから、それを真似れば書けるはずだと考えた。逆を辿っている。実践が強いられて、それぞれの段に応じた定型が出てきている。文章を縦割り構造にするような。

教師が文学畑ならこの過程に時間経過の要素を感じ取り、因果律を加えればリアリズムだと、その二大要素を思い出して、そうか論理の種を蒔き、花を開かせ、実を結ばせるのだ。

それぞれの段を構成する文が孤独な定型ではなく、関連し支えあって互いに意義づけあい、展開が実現されるのだ、と眼鏡の端に指をやるだろう。

そんなややこしいことに迷い込まずともよい。「序論・本論・結論」でよいではないか。三段論法。それぞれの段で、どんな任務が文が求められるかわかろうというものである。でも小学生にはその言い方はね、というなら、考えればよい。気の利いたわかりやすい合言葉、ドラ焼き式、サンドウィッチ式などと。

とはいえ文章を書くこと自体が難しいのである。まず何を書きたいのか、そう簡単にはわからないのが文章である。はっきりとわからなくてもよい、書けるだけでよい。書くことが肝心だから、とにかく書く。書きたいことを、書かねばならないことを。書きながら考える。

それをドラ焼きの皮にするか、具にするか。具はいくつあるかな、おいしいかな。皮は表と裏で似ているけど、模様が付いたり付かなかったり。歪んだところからおいしさがこぼれたりする。食べてもらって何か考えてくれたら大成功。読み手の思考を立たせること、それが書くことの意義だから。

「はじめ、なか、おわり」書ける人はそう唱えればよい。だがそれで「開く・広げる・結ぶ」「起こす・説得する・念を押す」という意志や態度が育つか。方向づけられるか。

と思います　ああそうですか

「～と思います」には、責任を放棄する匂いが漂う。ほかの方がどう思うかはともかく、私はこう思っていますということだから、遣い方によっては強い主張ともなるが概ね、言い切り方の定型として頼られて、弱い。勢いがない。茶飲み話ではむしろ有効だろうが、真理を追究する論争では相手にされないだろう。日頃の感想を述べる学習がここに生きて、追究の場の構成に貢献しない。感想というものには誤りはないから「ああそうですか」と受けるしかない。それ以上行けない。表現として不足なのである。思考に壁ができる。痒いところに手が届かない感じが残って、気持ちが悪い。

まずは「と考えます」と言えるか。そして「と考えられる」「と言える」「のはずだ」の世界を経験させたい。さらに「がどうか」と続けさせるのが高学年の発達課題ではないか。ここにキャリア教育があるといえば言える。私的な考えを共通の場に提出し、正否、深浅、適否が検討できるようにする、という形の社会参加である。

流通しないことを口走っている段階、流通を先生に助けていただく段階、どれくらい助けるか。その子は今、どの段階にいるか。

だから何だと訊きたくなる、そんな大人もいる。

と思います　に逃げ込んでいる

誰でも彼でもそう言っている。「と思います」。子供も大人も、相当な著名人でも。口癖になれば、心地よい。それでよいと思ってしまい、遣いつけるようになる。あらたまった場で意見を求められたりすれば、かねて用意の遣い勝手、堂々と断定した型となる。実はひそかに逃げを打っているのだが。

教室ではこの文末の乱用を嫌いたい。思いを聴く場合は、無論ある。しかし今は考えを聴こうとしているのだ。課題を解決するための話し合い。そこで思いを述べられても、話し合いの展開にかみあってこない。とりあえず聴いているが、進行が止まっている。なにしろその子がそう思っているという事実は誰も否定できないから、反論もできない。受け容れるほかはない。

そんな発言を何人もの子がしたら、話し合いはどうなるのか。思います、思いますの行列。だから何だ、どうしろと言うんだと、内心いらいらしている子も少なくないだろう。言いっ放しを許す状況になっている。ひいては無責任の助長にもなりかねない。集団に参入する態度が育たないと考えられるが、そのままでよいのか。

「〜と考えています」であれば、反論も可能となる。例えば「私はそのことをこう捉え、こう考えました」などの話形はどうだろう。「するとこういうことになるはずです。だからこうすべきだと考えます」と続けば、それに対応した反論の話形も生まれてくる。例えば「〜さんの考えは、ここが違っているのではないかと考えました。私の考えでは、このように直せばよくなると思います」。

「思う」は、衝動と「考える」との中間を揺れ動いている。それらいわば情と知との葛藤の末に出てきた「思います」なら、それは歓迎される。両者を止揚した形に導いた苦慮が、話中に滲み出るだろうから。しかし現況を見れば、衝動の側に近い文末が横行している。「私はこう考える」には主体性が発生している。責任を持つということである。

な行

仲間受けを喜ぶようでは

上手だと褒められる授業は、たいてい教師に都合よく仕立てられたものである。評判を得たのをよいことに、仲間受けする授業に落ちてはならない。むしろ同業に下手だと、公然とでも陰口でも言われる方が望ましい。

子供の実感に添うていれば学級運営がギクシャクしてくることもあるが、どんな形でも集団が力を出している姿があればよい。子供同士喧嘩腰で論争する状況があれば、教師の誇りである。まあまあここは私の顔に免じてとか、一旦預かろうとか、広い立場に立って方向付けていくのが、指導というものではないか。

「わかりにくい授業」だとの汚名を着せられれば、思うツボだと構える余裕。それを怖れるなど以ての外。「わかる授業」というものが見えてくる機を失う。子供たちが「わかる授業」が、参観する教師に「わかる」とは限らない。何が「わかる」ことが肝心なのか、それさえ揺るがなければよい。

何はなくとも日課表

学年最初の日は、始業式で担任する学級を紹介されて、そのクラスの子たちからワーとかエーとか騒がれるのが作法で、この喧騒が収まるのも段取りの内、儀式の終わりを待たず日常の時間が動き始める。教師も子供もお互いに、長い一年を思いやっている。だからため息や沈黙ではちとさみしい。

授業時間が減る傾向にある最近でも、この日ばかりは半日で放課となるのではないか。であれば教室で活動できる時間は少ない。二コマか、精々三コマの中で、座席を決めたり自己紹介をさせたりする。担任としての方針も語らねばならない。教科書を配る、家庭に宛てた印刷物も多いし、明日から早速活動が迫られている行事があれば、説明が欠かせない。子供たちの仕事には分担が必要かもしれない。

などと書き出すと、あれもこれも、もっとあれもと目が回ってくる。能率よくこなしたいなら、計画表を作っておけばよい。面倒ならマニュアルを先輩に、上手いことを言ってもらえばよい。意気に感じて、標準化に心血を注いでいる向きも少なくない。

筆者のこの日は余裕綽々《しゃくしゃく》であった。教科書を配って一時間算数か国語の授業をするだけ。

配る物を配れば、考えてみればあとは明日からで支障はほとんどない。ただし日課表は必ず配る。習慣形成は今日から始まっている。日課表は生徒指導の拠り所である。

ノートは見に行け　書きに行け

子供たちのノートを抱えて教室と職員室を往復する教師の姿に、学ぶものがある。放課後机に積み上げられたノートの山に、教師としての情熱を見る。少しでも時間を見つけて朱を入れ、励ましを書いてやりたい、ほかにも差し迫った仕事があるのだが、そちらは後回し、サービス残業も辞さない構えに圧倒される。

筆者はそんな同僚の実践を、ただ尊敬するばかりであった。部活動の指導をしていると、そちらも待ったなしである。学級をふたつ受け持っていると認識すれば、どちらも手が抜けない。ノートは、集めても見ている時間がないという事実に呆然。

といってノートの指導を疎かにすることはできない。ノートは頭の中の反映である。子供が学習方法を学ぶ、実践の場そのものではないか。そこに係わらない教師はいない。そこで考えた窮余の一策、ノートは集めない、見に行く。見ればわかるだろう、頭の中の闘いが。というわけで授業中、学習が個別になった場面で朱を入れに行く。そうすればその際、発言を仕込むこともできる。評価しながら、話し合いの組織化が図れるのである。

日記・日録は集めた。一日八冊程度、今日は一班と二班の日だね、などと。

は行

歯医者優先

治療中は、歯医者は第一優先だなどと殊勝な心がけで、歯に対する関心も人一倍、周囲に説いてまわるほどであるが、痛くなくなれば優先するものが山と現れる。

縄文人にも虫歯があったと聞く。そんな大昔にも痛みを堪えた人がいたのかと、想像が広がる。歴史学は発見目覚しく当時の生活像を書き変えているが、歯についても教えてほしい。虫歯の割合や治療方法もさることながら、むしろ当時の文化の中で歯そのものがどう考えられていたのかなど現下の状況にてらして、興味は尽きない。

例えば、その白さについて。黒く染める習慣がつい最近まであったのに、今では白い歯至上。髪の色や形、服装とともに流行の要素にもなっている。きれいなものや心地よいものを求めがちな風潮の為せる業《わざ》だろう、歯の健康も美容に奉仕するかのよう。磨き過ぎによる弊害が心配されるくらいである。

子供たちはこうした時代の洗礼を受け、また受けていくこととなる。しかし歯は装飾品ではないはずで、必要なのは本来の目的、即ち、丈夫な歯、歯の健康。きれいな歯が意味するところを深く理解していることである。口内の不健康が他の疾病へと波及していくことが指摘されている。

筆者の在籍した小学校では船橋市教育委員会の指定を受けて、指導に力を入れたことがあった。文部省の『歯の衛生指導の手引き』に拠ったが、学校歯科医に支援を頂いた。虫歯の未処置率と歯磨き習慣の実態を把握するだけでも興味は津々である。子供たちの姿が違って見えてくる。虫歯のでき方、咀嚼の大切さ、歯周病予防の必要を学年段階を追って理解させながら、歯が磨けている子の育成を期した。「汚れが残りやすい所に気をつけて磨いているか」と問い続けた。

教師ともども感動したのは、国立科学博物館の先生をお迎えして、歯について教えていただいたときのことである。持ってきていただいた様々な動物の歯に直接触れることができた。自分の歯があたかも、時の流れの中に位置付けられたかのようであった。自分の個性を意識し、受容せざるを得ないその入り口に立たされたのである。

芥川賞を受賞した若い作家の作品に、身体をいじめながら信頼しようとする話がある。言葉への関わり方の隠喩だろう。何とかして自己を受け容れようとする健気。子供の頃、歯《は》性《しょう》が悪いねと言われていた筆者は、日本語ブームに対する根本的な不審の提出と読んで、そも、正しい日本語、美しい日本語とは何の謂であるのかと、話を逸《そ》らしがち。

掃き残したひと葉に心奪われる

銀杏の葉を掃き集めながら考える。この落ち葉の上を子供らが走るのだ、などと思うのは理屈だと。

銀杏の葉は踏むと滑るから、朝のうちにどけておかなければ。そう思えば心の中に風が吹く。冷えた心が人を呼ぶ。誰か手伝ってくれないか。早くしないと、あの子たちが走り始めてしまう。夢中になれば汗も出る。あせれば胸の中が乾く。心の風が吹き荒れて、落ち葉の山を舞い上げそうだ。しかし気づけば、掃き残したひと葉に心奪われている。

晩秋の学校は、落ち葉との戦い。欅、桜、プラタナス、そして銀杏。しかし、そこは子供たちの遊び場。きれいな葉を探して、錦繍の絨毯がうれしい。ふかふかの感触、かさこそいう音が。誰しも子供の頃を思い出すだろう。学校の裏手に黄金色の庭があった。神社の境内が黄色に埋もれていた。

落ち葉が邪魔なら切り倒してしまえばよい。しかし、そうはいかない。心の中の錦秋が人を深くする。落葉樹と一年をともにして、子供たちは育つ。得るものを得、放つものを放って、年輪を重ねる。

初月給で万年筆を買う

教師は言うまでもなく弁論家であることを避けて済ますことはできないが、同時に文筆家である必要がある。話し方に敏感になり、上達を目指して修練を積まねばならないのと同じように、作文の修業もしなければならない。

文章はすぐには上手くならないから、まず筆記具から入る。種々の筆記具を揃えて、種々の場面で使い分ける。その器具でなければ出せない文字の面白さ、書くことの一回性を味わううちに、文というものがわかってくる。手で感じ、思考するようになる。

筆記具に凝れば、紙にも関心が向いてくる。筆記具と紙とが触れ合う感じに敏感になって、文字も百態、そこに言葉を実感する。

鉛筆、色鉛筆、ボールペン、サインペン、筆ペンなどなど、筆入れは満杯、そこに万年筆を加える。字との対話が始まる。

それでも大正六年、詩人薄田泣菫は「今の著作家達は大抵書《じ》が拙《まづ》い。偶《たまたま》上手な人も無い事はないが、そんなのは得て書いてゐる事柄が拙《まづ》い。とりわけ万年筆で書くやうになつてから、文字に感じが出なくなつた。」と書いている。

＊谷沢永一・浦西和彦編『完本茶話　中』（一九八三　冨山房）

話しかけたくなったら、自分に

無論、楽しく過ごす時間でのことではない。静かにしていたい時間に、おしゃべりの絶えない教室がある。高学年でそうならば、中学年のときに話し合う経験が少なかったのである。発達課題を解決していない。遂げていない。であれば小集団での活動を増やし、大いに葛藤を経験させてやりたい。併せて自分に語りかけることも方向づけたい。学習が個に戻る場では、話し相手は自分である。

学習指導要領国語科に「伝え合う力」が載って、コミュニケーション力を高めるなどという言葉が蔓延した。英語なのか日本語なのかわからぬ、ということは意味が曖昧、そのよくわからぬところが新しさを感じさせたのであろう、様々な活動が考え出され実践された。その上手な話し方講座化した授業に引っ張られてか、最近の指導要領では、「日常生活における人との関わりの中で伝え合う力を高め」としている。会話に焦点化せよとの示唆に見えるが、「思考力や想像力を養う」と続けているところを見ると、行き着くところ伝える相手は自分であると、ようやく合点したのであろう。自問、自答。自己の中での葛藤と解決への見通し。平成十年の告示以来「伝え合う力」の、この本質を見定めて実践を重ねられてきた諸氏の胸の痞《つか》えは実に、二十年。

チャイム

午后の裏庭で
掃き残した一枚の落葉に
心を奪われている君

友達の目の中を
秋が静かに過ぎていく
きらきらと透きとおって
遠くなる背中

ほうきを持ちなおすと
吹きぬける疑問
今のは風の答え？

＊拙著『Instant Poems』（二〇〇二　国文社）

板書で勝負できるもの

板書が下手だから、苦し紛れで言う。板書技術を勘違いすると、子供は育たない。板書が上手だと、子供がそれに慣れていく。先生だもの、上手で当たり前。子供たちは綺麗に写し取る。発言もせずに、考えもせずに黙々とノートを整備する。提出されたノートによって、よく取り組んでいるなと高評価を得られるのであればそれも常識、力も入る。それが勉強なのである。児童・生徒のたしなみ。

こうして先生に頼りきる授業が常態化していく。代理思考を助長してはいないか。人は——子供も知的労力を惜しみがちである。であるから授業においてその営みを促し実体化に努めさせるわけである。個々に知の発動を、勉めて強いる。課題を作り解決を試みる、考える、討論する、書いてみる等々、これら種々の活動をやりとげさせる場の設定。

ノートの手本として優れた板書を示す必要はあるだろう。美しい、魅力的なまとめ方。思考過程も、そのときの教室の雰囲気も蘇るという、そんな憧れの表現ができないから、負け惜しみで繰り返す。板書は上手に、その時間の過程がわかるように、できるだけ詳しくとの常識に安住していたのでは、子供は育たない。鍛えられない。

上手な先生方に頼みたい。子供がノートの工夫に目覚める板書計画の策定を。

人の心は天候に左右される

お天気屋、と自分で言っていた人がいた。雨の日は憂鬱、なんて。ということは、雨の日が楽しい人もいるかも知れない。気圧が変われば、身体への圧迫感も違ってくるだろうから、身体的状態も変化する。心にも影響が出るわけだ。

子供の心は先生次第である。先生は太陽だから、輝いていないと子供の心も曇る。学期末の忙しいときでも、一人一人に光を届けてやらねばならない。忙しくなると、子供が熱を出す。

学級の雰囲気・志気は教師が作るものである。子供たちの「空気」に流されるようでは、指導は覚束ない。「空気を読む」なら読め。で、それにどう対処するか。まさか追随はしないだろう。相手が空気なら、こちらは「気」である。教師の気。自律しなくて子供の前に立てるか。子供を子供扱いしなかったら、かわいそうだろう。一人前の子供にしてやらなければ、発達課題も何もない。

教室に光が差しているか。そして、それが作り出す陰影はどうなっているか。

表はこうなりました

課題の解決に、子供たちはどう取り組むか。解決の方法を身につけているか。問題点を明らかにすることと同様、仮説を立てて解決への見通しを持ち、適切な解法を考え出すこと自体が学習であると、意識づけたい。その際力を発揮するのが「表」である。これを導入できれば学習活動は作業化され、焦点化されてくる。すなわち、どんな表を作ることができているかが、評価と指導の観点。評価が先である、念のため。

解決の段階での「研究的手法」が、そのように具体化されるのである。どんな枠組みが必要かと考えて、縦と横の項目を構成してみると、双方が交叉するところに予想していなかった欄が現れることがある。この欄は何を意味しているのかと考え込むことも。調べなければならないことがまだあったと、表が教えてくれるのである。箇条書きにして並べていたのでは、調査項目の不足に気づかない懼れがある。

ノートが研究的手法の主戦場となる。工夫された表で埋められている。項目が多いと表も大きくなる。別の用紙を採用してノートに貼り付ける。挟み込む。数ページに渡れば、別冊ともなる。

習慣化すると課題を把握する段階で、頭の中に表が出現、整理を始めている。これが楽しいのだろう、「答がわかればよいなんて！」とあえて面倒な道に入る子がいる。

筆ペンを乾かさない

シャープペンシルを持ってきてはならない、と言うのであれば、筆を持たせなければ話が半分である。

シャープペンシルでは同じ太さにしか書けないから、線の変化、百態を経験させるのに、鉛筆を使わせるのである。進んで筆を持たせれば、なおよい。ノート整理に大いに活用させたい。

教師が率先して使えば、子供たちは何の抵抗もなく使い始める。能力はここにおいても育つ。文字を書くという、極度に複雑で高度な力を積極的に育てることで、能力全体を高める道がひとつ増える。

筆圧が弱い子にむしろ、筆ペンを常用させてみてはどうか。

「万年筆から生れる文体、ボールペンから生れる文体、鉛筆から生れる文体の違いは確実にあり、鉛筆のＨＢの思想やＢの思想というものもある。」

＊石川九楊『二重言語国家・日本』（一九九九　日本放送出版協会）

下手になれ

上手になろうね、と子供たちを励ます。思い込んだら子供たちの伸びは速い。見る間に技術を身につけ、次のステップに意欲を示す。しめしめと、体育の授業でバック転を許したらどうなるか、作文の時間に小説を許容したらどうなるか。そういう考え方の行く先がどうなるのか。授業に新奇なアイディアを次々と持ち込む向きがある。授業に自信があるのであろう。改善の取り組みだといえば、聞こえはよい。成功したと思えば、その傾向に拍車がかかる。いずれ根から遠くなる。何のためにそれをしているのか、忘れる。枝ばかり増えて、細く延び、幹は太らない。教育者であればどちらを選ぶか。今にも折れそうな梢に子供を追いやるか、幹のまわりに遊ばせて親しく手触りを実感させるか。

何よりも根の強さが肝心だ。心の根の。活動のレベルが上がったら、一旦それを壊すショックが必要である。熱せられた衝動には水をかけてやる。すなわち焼きを入れる。一旦下手になって、自己の最低レベルを確認し確保するという、橋頭堡《きょうとうほ》の確立。「下手になれ」という教えもある。「下手の下はただの人で何万人といる。うかうかすると、下手にもなれないで終ってしまう」とは、いささか上級者向きだが。

＊「下手になれ」能楽師、近藤乾三氏の座右の銘。師、宝生九郎の言葉である由。

勉強なさい　とサンデー先生が言っている

「奥さん西瓜が出ましたよ、いかがです、勉強しますよ」と八百屋が声をかける。勉強とは強いて勉める、頑張るということ。精一杯安くしますよということだろう。儲けは二の次という風情。無理してますよ。

矯正が望まれる子がいれば、教育の出番である。勉強させる外はない。泣いても喚いても勉強させる。ここに心理学など他の領域からの干渉が入ると、教育が力を失うこともある。病理には敏感でなければならないが、児童理解のし過ぎではないかとの、安易な処方ではないかとの検討も必要である。

無論、自分で自分を励ますように育てるのである。まず教師が励ます、励ましきる。そのことで教師が、その子の分身のモデルとなる。やがてその子の中に、自己を導くもう一人の自己が育つ。メタ認知の力がはたらき始める。これを自己指導力と言ってもよい。

教師が甘ければ、その子は自己に対する適切な批判の力を伸ばさず、自立する契機を得ないし、社会に対する目も狭くなる。大人なんてこんなもんだよ、と勘違いする。

アクティブ・ラーニング、訳せば勉強。

＊ＮＨＫテレビ「ひょっこりひょうたん島」の良識、サンデー先生。声は楠トシエ氏。

法律の、どこに書いてあるんですか

子供の好ましくない言動を、学級の約束――ルールに照らして質すのは、教育の実践としては力を持たない。「何が悪いのか」「約束を破りました」という応答で終わってしまうだろう。どんな判断に拠ったのか、その判断が適切であったかと考えさせるのである。教師であれば。まごまごすると、そんな約束をした覚えはないなどと言い出しかねない。私のどこが悪いのですか、どんな法律のどこに書いてあるのですか、などと。

「○○さんの気持ちを考えませんでした」「～に迷惑をかけることになると思いませんでした」「これからは～のようにします」と言わせてやりたい。そうした言葉を引き出す好機なのである。

世の中は成文法だけで運営されているのではない。不文法、慣習法といった、成文法を成り立たせている領域を、そうした内省によって感じとらせたい。

「ほかにありませんか」は素人でも言える

「私も同じ考えです」と発表するのは難しい。前の人とは異なる理由を言わなくてはならない雰囲気となるので。だからといってすぐに、「ほかにありませんか」なのか。

考えを深めさせるために、話し合いの展開を把握しやすくしたい。初めに出た考えをまず、広げ厚くして確定する段階がある。このくらいでよいと判断できたら対立意見に入っていく。ここで「違う考えがあるだろう?」である。措定を経て反措定の段階になったとわかる。対立意見の論点もはっきりしてくる。

で、「同じ考えです」と発表させる習慣をつけておきたい。「理由も同じです」でひとまずよい、前の子と同様の話をさせるのである。何人か続けていると、発表の内容がはっきりしてくる。また少しずつ変化も出てくる。この段階での深まりもあり、厚みも出る。

自分が発表することに意義があると体感させ、またその発表にはどのような貢献があるのかを認識させる指導である。違った意見は言いやすい。それを次々に求めていたのでは、集団での学習は集中してこない。「まず同じ考えから聴こう。君の、あなたの声で聴きたい」と投げかける。みんなで考えているという意識、集団の志気も育つ。

褒めるならキャリアを褒める

その子の性質、形質を褒めることがある。しかし逆にその子はいやがるかもしれない。日頃からそれを気にしていて、むしろコンプレックスを抱いていることだってある。そんなことはないよ、それが君のよいところだと言うことはあるだろうが、それは美点として認めるということだろう。

褒めるというなら、その子のキャリア、公式の役割での仕事ぶりや成果についてである。社会的見地からの認知が、その子の存在を高める。ではそのキャリアとは何か。

日頃から積んでいる学級生活の実践の経歴である。児童会、学級会組織での仕事――係活動、当番活動、級友関係の調整、それへの貢献、学習への取り組みなど、子供が行う公務といえるだろう。小学生、中学生という身分上の。

趣味、学校外の活動などで力を入れていることがあれば、認めることから始めたい。力の入れ具合、誇りを持っているか、仕上がり、成果などを尋ねてやり明らかにしていけば、周囲からの共感が生まれるかもしれない。キャリアに繋がれば、褒める場面もでてくるだろう。社会性を育てる内容を褒めるのである。

キャリア教育は、職業を紹介し経験させる教育ではない。

褒めれば止まるものがある

その子に満足感を喚起させるからである。自分がやりたいことを、やりたいようにして結果がよかった、というときに人は満足感を得る。個別的な行動であるから、他と比べることができない。これを褒めていれば、人は個の狭い道に入って行く。

必要なことは、その成果を社会的な意義の点から褒めてやることである。正当に評価し、認める。そのことで、自分の仕事が社会の存立に必要であり、有効であるとわかるのでる。そのとき人は、達成感を得る。

褒めて満足感を助長することがある。それもときには必要であろう。しかしそれには尺度がない。褒められる側、褒める側ともに感情に傾きがちである。すなわち理性に欠ける。その褒め方に責任は伴わない。むしろそれを放棄する。評価であれば、責任が伴う社会的行為である。

前者を求異、後者を求同と整理するのも一法。これに吉田秀和氏の「理解のない愛情はあるが、愛のない理解はないだろう」という言葉を添えてみる。

＊吉田秀和『批評草子』（一九六五　音楽之友社）

ま
や
行

まず掃除、次に掃除、そして掃除

掃除は掃除の時間にするものと決めてかかっている感覚では、教育は覚束ない。気がついたらすぐに実行、ごみを拾う、整理整頓をする、ほうきを使うなどなど、状況が許す範囲を察知して手早く行うようしつけたい。

杓子定規に固執していたのでは、気が利かなくなる。自分の生活感覚を出せないところに、強い思想は育たない。それをしないと気がすまないという感覚を、さりげない所作で満足させて、他の目の邪魔にならないという。その場の景色の一部となって、周囲の了解を得ているとなれば、そこには工夫の積み重ねもあるはずである。

試しに掃除の時間に、自由にやってごらんと言ってみる。決められたことを決められたようにすればよいと習慣づけられている子たちには、難しい。日頃一体、何を教えていたのかと反省できれば、教師である。

「きれいに、はやく、だまって」できるなら、どんなやり方をしてもよいと投げかけた同僚がいた。三つの条件はなかなか満足を許さない。子供たちは方法を工夫し続けた。

＊「あんたは思ったじゃないか」鈴木鎮一『愛に生きる』（一九六六　講談社）

まずみんなと同じことをしてみなさい

自分の好きなようにしかしない子　に
気の向くことしかしない子　に
自分のことしか言わない子　に
なかなか取り掛かれない子　に　そう促す。
そう促してその子の現状においての、最善の努力をさせる。見守ってやりたくなる。一緒にしてやりたくなる。評価してやりたくなる。
活動に工夫が許され、むしろそれが求められる場面や、時間に余裕がある場合には、その子の持ち味を大いに発揮させてやるのである。
まず、集団の中で達成感を得させたい。それは自信をもたらすだろう。その上での独特の活動なら、周囲も認めるところとなるだろう。評価を受ければ満足感も倍加する。集団というものの、個というものの、それぞれの存在意義が体得されることとなるだろう。
学級という集団が個を育て、個が学級の可能性を広げる。

惑いの夕

日曜の夕方は苦手と言う人がいる。職場での茶飲み話でそのことがよく取り上げられるようになった。つい先達ても若手のエースと目される女性が、まるで懺悔でもするかのように語っていた。その道ではエキスパートと自他ともに認める快刀乱麻の才媛が、日曜夕刻の時間の推移を怖いものでも確認するかのように事細かになぞっている姿は、むしろ人間味にあふれ、いっそ好ましいとも思えるのであった。「『ちびまるこ』あたりからおかしくなるの、『サザエさん』はもうだめ。明日は出られるかしらって不安でいっぱい」などと呟けば、まわりの同僚はや青ざめて、「俺は『笑点』がだめだ」「『こち亀』は淋しいぜ」などと加わってくる。何のことはない、テレビの呪縛から抜け出せないだけではないか、解決策は唯一つ、テレビを消せばよい。

最近のもっと若い世代はテレビを見ないそうだから、こんな気持ちにはならないのかもしれない。とすれば、ある世代に特徴的な症状なのだろうか、これを称して「サザエさん症候群」と言うのだそうである。命名されるくらいだから、蔓延しているのであろう。茶飲み話であれば、サザエさんみたいになっちゃうの？　なんて脱線させるのも一興である。

ならばまず、目が大きな黒い点のようになる。鼻が丸くなった女性が夕暮れの道をスーパーに向けて歩く。あちこちから集まってきた丸顔は、皆髪の毛が三つの山になっている。そして、変化はそのような見た目の特徴ばかりでなく、身体の動き方にも及んで、例えば、指の動きにはあまり関心が注がれないようだ。

番組の終わりのジャンケンで、グーチョキパーを札で出すのはこのためだろう。この挑発に乗って久しいが、成績は今年も思わしくない。昨年は何とか五分に持ち込んだが、今年はやられっぱなしで、このまま年末を迎えられる状況ではない。とにかく相手は札である。選んだのを出すだけ。一方こちらは手あるいは指。札は持たなくてよいが、その代わり迷う。ケジャンで考え、ケンで決めて、ポンで前に出すという段取りに困難が存在するのである。ケンで決めたはずのグーがポンに行くまでに変わることがあるのだ、チョキにパーに。心が決まらない、いや、むしろ段取りの繰り返し。ケンの瞬間にも繰り返される決定と変更。だから、サザエさんを見習うべきなのだ。決めたら変更できないという段取りを。勝っても負けても「ウフフフ」でよいのである。勝てば理屈は不要、負けたときの後悔は一杯の麦酒に引き継げばよい。日曜に落とし穴あり惑いの夕、とでも吟じて。

まとめ　で手を抜くな

教育実践　勘所《かんどころ》～磨いて伝えてほしいこと

授業の成否は「まとめ」の段階にかかっています。
問題解決学習を繰り返しても成果が出ない場合は、この段階を見直すことが必要です。

充実した比較検討の場でした。
さて、まとめ。
子供たち一人一人がそれぞれに書ききっているでしょうか。
板書をそっくり写すことが習慣づいたりしていませんか。
先生や友達に頼りきる「代理思考」を身につけさせないようにしましょう。

↓
自分で考えた実感がなくなる
自分で解決した喜びが薄れる

自分で考えることをやめてしまう
考えることの辛さから逃げ始める
自分の考えに責任を持たなくなる

内容が不十分な子もいるでしょう。
まとめの場面を「取立てた指導」も必要です。

↓

的を射ているか（個別指導）
その子が今持っている力を出し切った文であるか（個別）
書きぶりのよさを発見し認めてやる（個別）
何人かのまとめを比較する（全体で）
自分のまとめを修正する習慣をつける（個別）

先生から見れば未熟な文でも、自分で書ききれば満足感があります。
その時間の学習を印象的にして、思考過程を遡る入り口となります。
考えに責任を持たせるようにする、主体性を育てる教育そのものです。

マナーよろしくペロリと食べる

給食の時間になるたびに、合言葉のように口にしていた。駆け出しのころ、石橋利男校長に教わった。給食指導はこれに止めを刺すとのご指導。自分でも給食指導いかにあるべきかと考えはするが、結局これに戻る。出発点であり、またここに帰る。

先生のご指導は経営一切水も洩らさず、理想を述べ具体を展開する。年度当初の職員会議では分厚い学校経営方針書が配られ、職員が分担してワイヤレスマイクを引き継ぎながら読み上げていく。職員七十人を擁する小学校であった。石橋プロジェクトと呼ぶべきだろう。筆者が現在たたいている大口も、その読み上げの続きと言える。

その後食育が登場、これは栄養指導だろうか、それとも食行動を育てることがねらいなのか。筆者が奉職した学校はすべて自校方式であり、栄養士氏の薫陶が隅々まで香っていた。残菜をなくすにはどうするか、などと特には考えない。美味しいのである。あとはしっかり学習に励んで、外に出て遊ぶこと。腹を減らす。

ただマナーには留意が必要であった。多くの家庭から子供たちがそれぞれのマナーを持ってきている。了解しあえないこともある。すなわち担任のマナー感覚と洗練が問われてくる。

学校ではこうしましょう一辺倒では味気ない。決めごとに頼らない説得力と包容力が求められるのである。マナーの教育でもあったわけだ。

満足感か達成感か

学習意欲を喚起する手立てを授業設計に織り込んでおきたい。五つあると飯田秀一先生に教えていただいた。「興味関心　目的意識　学習方法の理解　所属感　満足感・達成感」。以後お経のようにこれを唱えて、子供たちの前に立った。そのうちに、満足感と達成感は似て非なるものだと考えるようになったので、手立ては六つとなった。

満足感は、ひとがどうするかはともかく自分の思いが、思い通りに叶った結果に発生すると捉えている。授業中の何らかの場面で、子供個々の考えや思いがそれぞれの形になっていけば、教室は生き生きとした雰囲気に満たされるだろう。だが、これは難しいと直感される。学習課題が何十も存在する授業を毎時間行う自信を持てるか。複線的授業は授業者の夢でもあるが、踏み切るには勇気が要る。どのように焦点化するか、その段階で全力投球する覚悟が必要である。どう展開するかが見通しにくい。

ところがここに解決策があった。こんな学習をしましたと発表をさせあって、みんなよくできましたね式の学習過程。発表会形式と言われている。子供たちが自分の学習を、自作の発表資料を使ったりして発表しあっている。聞いている子供たちはそれに感想を述べる。子供たちばかりではない、先生も感想を述べる。評価がしにくいだろう。満足感を汚してはならないのだ。だから指導と言わず、支援という。押さえておきたい内容を、思うように指導できない先生は満足感を得ない。

総合的な学習の時間の指導過程から波及したのであろう。教科の授業も「総合的」になんてアイディア。なるほどとも思うが、ただし総合的な学習の時間では課題を見つけることが眼目であって、さらに課題を適切に具体化して解決策を構想、実践するのだから当然、その課題や解決方法、調査方法などの妥当性が評価されることとなる。指導は存在するのである。この点を考えれば、教科での学習への適用はそう簡単ではないとわかる。何とか満足感を味わわせたい気持ちはわかるが、形だけ借りてもね。

子供の自主性を伸ばそうと理想に燃え果敢に挑戦する向きには、声援を贈らないでもないが、教科の授業では学習内容と目標は決まっているのである。さすがにベテランは一歩下がって橋頭堡を築く。多くは解決段階で学習を個別化し、個々に解決方法を工夫するよう促している。求異をそこに求めている。ここで「選択と決定」という術語が一瞬ちらと、頭のどこかで閃かないか。

達成感の方はどうか。これは求同。私にもできた、との喜び。安堵。山頂に到達して一息つき、既に風景を遠望している級友と視線を同じくする姿を思い浮かべればよいか。輪に入ってくる級友を迎える笑顔。指導は、むしろ歓迎される。励ましも。

自ら学んでいく力は自ら育てる

自ら学んでいくという学習態度は実践形式を求め、個独自の学習様式を作り出す。研究的手法が工夫され、よりよき課題の発見もそこに期待される。ではその実践のエンジンである情熱を、どのように引き出すか、どのように枯れることのない源泉を掘り抜かせるか。朝自習の活動にそれを求めたのは、筆者たちの恩師、石橋利男先生である。仲間内で密かに石橋プロジェクトと名づけていた施策集から要旨を引く。

本校の朝自習は、職員打合せの時間、子供たちを無難に管理するための対策ではない。自習そのものを指導し身につけさせる時間である。子供が自分でやることを決め、ひとりでやる気で取り組む時間であって、ゆきつくところ、教師がいなくても自分で朝自習の出来る子供をつくることである。

日々の指導の着眼点を次の六点にまとめておく。先生が示されたポイントに、筆者の実践によって多少の脚色が加わっている。当時の先輩同僚も、概ね同様であったと把握している。

1　やることを自分で決めてくる。
2　チャイムと同時に自習に入る。必要なら机の向きを変える。
3　口を結ぶ。
4　ひとりでやりきる。
5　自習の喜びを体得させる。
6　師弟同行、教師も自習する。

これを「自分で学習する子」という学校教育重点目標を達成するための全校施策として位置づけ、全教科における授業実践の基盤とした。学習への情熱を習慣化したのである。

皆に注意しておくが

木から落ちて怪我をした子がいたとする。どう声をかけてやるか。怪我が軽くてよかったね、木登りは面白いけど危ないね、と言うか。当人は痛さを忘れないだろうから、経験に学んで気をつけるようになるだろう。その強化にはなる。しかしここで、柿の木は枝が折れやすいからやめとけと言ってるだろう、と言えればさらに効果は増す。これが川遊びなら、命にもかかわる。そこにだけは行くなと、要注意の場所がある。

皆に注意しておくが、言っておくが、確かめておくが、～はこういうことだったね。～は～しなさい。この一般的注意がないと、指導は弱くなる。日頃から折にふれ、全員に対して話し納得させておくと、これが根となり伏線となって、個別への指導が力を持つこととなる。一朝事が起きたときに、慌てて絆創膏を貼るように注意しても遅い。指導に根がないのである。

授業をこの視点で見直すとよい。一般的指導あっての取り立て指導、今日の授業内容の基本は何か、基礎となるものの指導が為されているか。今日の学習の淵源が意外なところにあれば、驚きが発生する。

四時間で綿ぼこり

密閉された空間では、浮遊していたちりやほこりが降るという。静電気のはたらきで綿状になる。それが四時間と聞いた。放課後、人気がなくなった教室、空気が動かない廊下も、気密度が高い建築ならこの物理現象の例外ではない。

朝来てみたら綿ごみがある！　あんなにきれいにして帰ったのに、と不審げな子供たち。朝の掃除が必要なわけだ。

一日の準備、簡単な清掃でよい。気がついた子から始めて、皆ですれば数分で完了。技術が向上すれば、大袈裟な活動にはならない。

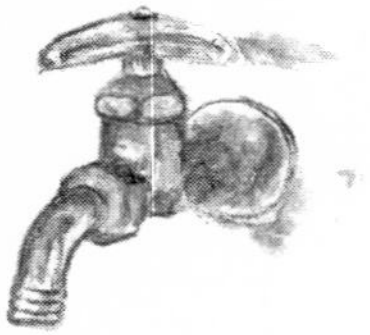

らわ行

理屈と鳥黐《とりもち》はどこにでも付く

高田好胤師が説かれた言葉だと記憶している。理屈とはその程度のものだとのことであろうか。ご都合主義の道具にもなる、悪用もされかねない。いやそうではなく、生き抜くための、知恵の発揮のしどころとの教えか。

であれば、いつ、どこに付けるかが工夫のしどころ。無論品質に問題があれば鳥は獲れない。買ってきた黐なら完品であるかをチェック、自分流への手直しも必要だ。そもそも買う前に、矯《た》めつ眇《すが》めつ品定めをしたか。よい店なら、どうぞお手に取ってと心ゆくまで相談に応じてくれる。

いずれ自分で作るには如かない。経済、精神生活、自らの人生であるからには。

理想は、教室においては現実の最先端に宿る

すなわち現実を的確に、そして切実に認識できれば、理想に到る道が開ける。現状と理想とがせめぎ合う空間のその中央あたり、子供の椅子に一人身を預けて、落差がどれほどであるか観測してみるがよい。放課後である、決断が生まれるのは。実質的な教育活動が見えてくる。実践するのは自分しかいない、と。

しかしまた、具現されればされるほど、理想は見えにくくなる。言葉として存在するという理想の本質が顕現して、教師を悩ませる。私はこの子たちに、どんな姿を求めているのか。すると再び、この教室の現実とは何かとの問いが必要となる。哲学を持たなければなるまい。教育観を吟味しないと、明日はない。

校内の教育研究であれば教科指導の方法だと常識化している現状に、意見を述べる者が出現することを期待する。現実の認識が甘いと。そもそも現実を認識する術を持たないではないかと。教育の実践とは人間の研究であり存在の探求であると、たまには大きく出てみたまえ。教育基本法、学校教育法が変わってからこっち、形式陶冶の分は悪いね、などと。筆者は新規採用で、そんな議論が渦巻く職場に投げ込まれた。素面《しらふ》でも呑んでも、つまり一日中、一年中。

練習をしないプロはいない

いるかも知れない。しかしトレーニングを怠れば仕事の質は下がる。クオリティの向上を求めれば、自己の現状を超えようとすれば励むしかない。人に知らせぬ、孤独なルーチン。あるいは現状維持への苦闘かもしれない。

プロになれと訓示される。プロとはプロフェッションのことだろう、だから言うところのプロとは職業人のことである。従ってその仕事に秀でているかどうかは別の話で、職につけばその日からプロである。押し寄せる仕事の波をかぶり、次から次へと息つく間もなく対応に明け暮れ、目の色を変えて先輩のはたらきぶりを盗む日々。

しかしその先輩方にも実は、余裕はない。仕事に熟達するほどに、新たな課題が見えてくるのである。高きに到ればいっそう空は広い。遥か向こうに聳える壁。

なれと言われなくてももう、プロである。教員も公務員であればそうそう職を失うことはない。下手なままでもいい訳だが、この節、それでは住みにくい。油断をすれば学級壊滅、抗議の嵐である。そうなって不甲斐ないと思うくらいなら、早々にコーチを頼むがよい。評価の高い人ほど現実を直視して、よいコーチに恃《たの》んでいる。

実践の根拠に思い込みはないか、技法が鈍ってきてはいないか、経験に寄りかかり過ぎてはいないか、教育観が硬直してきていないか等々、チェックしてもらうのである。それらは日常の基本動作に現れてくるだろう。具体的に指摘してもらうと有難い。立ち位置、動き方、話し方、表情等々、授業だけでなく教育活動全般での雰囲気作りに影を落としていないか。

といって頼む余裕などないというなら、仕方がない、この方をと秘かに先達に決め込む。私淑する。既に歴史上の人物となった方、異種業界の方にも触手を伸ばす。仕事とは何だろう、人間としてどう対するか、視界が広がることを恐れず。読書に依るという手がある。

若いのに言うことが古いね

同僚や先輩に古いと言われようが、子供たちにダサいと言われようが、しなければならないと考えたら、一歩も退かず、怠らずにやりとおす。思考実験を繰り返し、妥当性を確保しながら実行し、結果を評価して改善を図る。これが職業倫理の実践である。

それが天から授かったとしか思えない直感であれば、形にできるのは自分をおいてほかにはいない。人知れず努力して検証を重ね、根拠を得たと実感したときの、あたかも一条の光が差しかけてきたような戦慄を忘れることはないだろう。

新しいといわれるものに縋り続ければ、ついに信用するものは持てない。捨てさることを憶えて、自分から新しきものを作り出しはしない。そのほうが楽、と針路を選ぶのも便法だろうか。「古い」と一言で言い捨てる怠惰な感性には、悩みはないのである。学習指導要領については保障期間十年である。古くなるのを前提としている。

新酒は毎年できるが、銘柄は変わらない。味わいを変えないために、大いなる努力がある。それでも年毎に個性は出てくる。壜は意図的に変えられるが、中身の仕上がりは人智を超えるのである。革袋を用いれば相当長持ちするから、年々滲み込んだ味が作用しあう。

鳴り物入りで加入の新人ピッチャーも、すぐに研究されてしまうから、投げ続けるには相当の力量が必要である。常に新しいものを出してくる努力が。密かにスタイルを更新。

＊世にこと古りたるまで知らぬ人は心にくし　『徒然草』七八段　吉田兼好

わからせただけでは半分だ

「そのとおり。できるようにさせなければならない。」ということではない。それでもまだ届かない。授業の目的は、学習経験を実感させることにある。

次にあげる視点で、授業を省みるとよい。道は半ばであると認識できるだろう。

○一人で行けるところまで行かせたか。
○その経験をノートに具現させたか。
○その教科の面白みを味わわせたか。
○その教科の雰囲気を味わわせたか。

日暮れて道遠し、と彼方を遠望することができるか。ぐずぐずしているとチャイムが鳴ってしまう。早いところ方向転換しないと、採点係に成り果てるだろう。

「本時の目標は達成されましたね」などと通り相場で褒められて安易に同意すれば、教育は不在となる。教科書の内容は教材である、真理を学ぶための。学ぶとはどういうことかという問題には、実感の解答が欲しい。答を自分で出せるか、その浅深に人生がある。

私はまだ、立派な指導案は書けません。でも

でも、私の学級の子供たちは、ごみを拾います。

小さいことの実践を積み重ねる。できていること、やればできるとわかっていることを、繰り返し実践させる。

短時間で済むことも、苦にしないですぐにできてしまうことも、していないとできなくなる。何によらず、あっと言う間にできてしまうことを怠らず、その数を増やすこと。そうしていなければ、大きな仕事ができるようにはまず、なるまい。今できることの実践がすべての実践の基礎である。

しかしその上で考える。ごみを拾う子供たちの姿に何を見るか。強制され実行止む無き義務感か、怠けたと注意されるのを嫌う矜持か、褒められ、取り入ろうと狙う策略か、それともごみと見れば反応する条件反射か。いずれにせよ、教師の投げかけを鏡のように写している。自分の実践の質が見えてくる。

行動は言葉の具現であるから、あるいは言葉以前の表現衝動であるから、一連の動作が必ず何かを語る。それを言葉に帰すのもよい。生活への意見が芽生えているかもしれない。正方向へ、あるいは負の方向へ。

ワニザメ　アナグマ　南部より

「いなばのしろうさぎ」の絵本にワニが描かれていた、まったくね、と話していた人がいた。これじゃ学芸会（言うことが古い！）でアリゲーターやクロコダイル登場だよ、と嘆かんばかり。ワニと言ったってワニザメのことで、鮫なんだよ、と世の知識低下傾向を批判しておられる。

確かにこの話、鮫説が有力ではあるが、鰐説もあって論争は結着を見ていないようである。白石、宣長の説が引かれたりもして、なかなかに奥が深い。この説話が南方を淵源とするなら、鰐も登場するわけである。お怒りは一旦収めるのが得策かと。

「わすれられないおくりもの」のアナグマは、教科書の挿絵を見ると、これが熊かなと思う。見たことがないような熊。調べてみたら、アナグマはタヌキと同じような生き物だとわかった。昔からムジナ（狢）と呼ばれている。人を化かすタヌキやムジナの、ムジナである。タヌキもハクビシンも、ムジナらしい。

松尾芭蕉「おくのほそ道」の平泉を中学生が学ぶ。「まづ高館に登れば北上川南部より流るる大河なり」。これを、北上川が南側から流れてくるのが見える、とやったベテラン教師がいた。

附

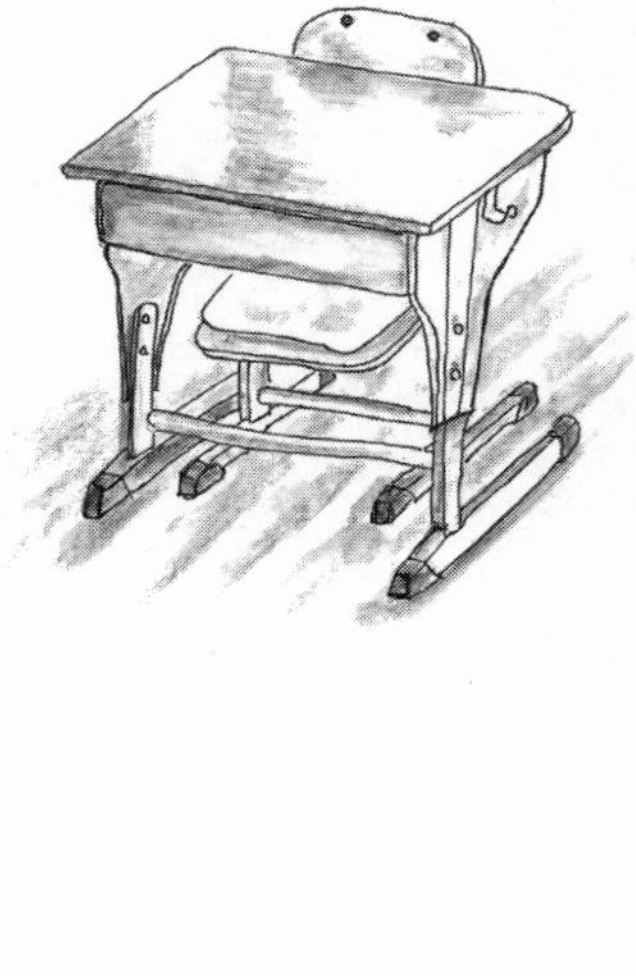

文案例解

研究紀要 序 甲

この世の真実や現象を数で探り数式で表そうと、その困難な道を果敢に進むのが数学というものであろう。天体の運行軌道や雨粒の形状変化を明らかにしたり、建築物の構造に安全性を付与することなどは素人にもすぐに思いつく。また、経済の現状を分析し予測することや、電子計算機の起動方式も数学によるのだろうと見当もつく。

それでは、人の心理のその揺らめきなどはどうだろう。数式というものが関係性の表現であることに気づけば、それも有るかと思い始める。人の想いは様々で、しかも瞬間に変化する。その複雑な模様は一体何行の式を必要とするのか。エネルギーと質量の関係は、その前提に膨大な式があったに違いないが、天才が結局は四文字で表した。とすれば、心模様も美しき単純な式となるのであろうか。

私たちは、必ずしもこのような高等数学を目指す子供を育てようとするものではない。確かに算数のよさを理解させ、数学の感覚を育成することは目指している。従って、算数に大いなる興味をもって研究的な学習に取り組んでいく児童が出てくれれば、それはそれで幸と言うべきであるが、私たちの主な期待は別にある。子供たちの能力全体の育成には、この論理的思考力の要素が欠かせないということである。

算数科教育を校内の共同研究として取り上げるのは、本校の目指す児童像「すすんで学ぶ子」の達成への施策であることは言うまでもないが、この児童像は他の二つの児童像と共に教育目標「自ら学び心豊かでたくましく生きる子どもの育成」に統合されて初めて有効性が発揮される訳である。即ち、算数から入って「おもいやりのある子」、「たくましい子」に到達することを目指していると言ってもよい。

課題を作る、解決の見通しを立てる、一人で解決に取り組む、みんなで検討する、結果をまとめる、やり方を練習し身につけることなど、学習過程のそれぞれの局面で努力することを経験し、人間関係を学ぶこうした教育の実現をこそ目指しているのである。今は忘れられた感のある、この「形式陶冶」によってこそ真の学問の初歩、子供なりの志が芽吹くであろうと期待するものである。

小学生は、小さな学生である。子供であろうとなかろうと、真実の追究には情熱と体力がなければならない。だからこそ一時間の授業において人生を学ぶのである、私たちもまた。

文案例解

研究紀要 序 乙

教育とはつまるところ、よい習慣の形成をはかることである。子供が何々ができるようになったとか、いろいろなことを知っているとか覚えたとかということは、目的の一部に過ぎない。なるほど教師は、子供が獲得し得たことを把握しようと努めるがそれは、達成の状態を見ることで知識や技能の獲得過程を類推し、その子の習慣がどのようであるかを評価しようとするからである。即ち「一たす一は二」と言えれば、その子を仮に満点とすることはあってもそれで教育が終わることはない。ある子は一たす一が二になることに不審をもっているかもしれないし、「1+1=2」と百回書いてお菓子をもらう子がいるかも知れないのである。

よく知られた話だが、朝学校に来る途中できらっと光るものに気づきました。何だろうと思ってあたりを見ると、生け垣の方です。大きめの葉に宿った朝露にお陽さまの光が反射しているのでした。きれいだなと思わず近寄ってよく見ると、同じ葉にはもう一粒朝露がある。と、そこに一陣の風。葉が揺れて露がころころと転がります。ふたつが近寄って、あ、ひとつになっちゃった。そうか、一たす一は一かとひらめいて一瞬、高学年の子でもどきっとして不安げな顔になる。ところが中に級友の煩悶に近寄ってくる子がいる。僕も迷ったことがあるんだ。でもおもしろいから考えた。で気づいた、個数じゃなくて量だね。陥った齟齬を自力で問題化していたのである。

要は授業中に何をさせているか。学習は、他の人に替わってもらうことはできないと実感させているか、できるところまでは必ず自分の力でさせきり、一歩を進めさせているか。この土台がなければ、授業の柱は立たない。疑問の解決にはどんな方法があるか、何が基礎になっているか、必要なことは何かと考えぬかせる活動の、基本構造自体が傾くわけである。目標が達成されさえすればよいと、アイディア勝負に走る傾向を懸念する。土台どころか、構造疑惑を指摘されかねない。目標が風に飛ばされそう。子供が楽をして得るものには自ずと限界がある。努力の末に獲得したものにこそ感動は存するのである。知の肉化。

知識基盤社会と言わば言え。小学校ですべきことがここにある。畢竟一時間の授業はこの積み重ねのためにある。よい習慣なしには、創造性や挑戦する態度の育成は望めない。これをしも教育というのである。授業あって教育なしと言われぬよう。

文案例解　**退職挨拶**

ご紹介いただきました加藤です。退職者を代表して御礼を申し上げます。
今夕は私どものためにこのような立派な会をお考えくださり、まことに有難うございます。市長様はじめ皆様と席を同じくすることができ、たいへん幸せでございます。大震災影響下でのこのご配慮は忘れられるものではございません。重ねて御礼申し上げます。

皆様のお話を伺いながら、いろいろと振り返っておりました。四十年に近い教職生活でございましたが、思い出されるのはやはり、採用になった頃のことです。現在はまた多くの新人が採用されていますが、私どもの頃も多かった。子供が増えて、学校が次々と建てられていた頃です。私が配属された習志野台第二小学校では新採が七人おりました。毎日が見よう見真似で、何とか過ごしていたことを思い出します。同期の人はどうやっているのだろうと聴いてみると、皆自信満々でやっているようで、自分だけが取り残されたように思ったものでした。授業はもちろん、学級の事務、分掌の仕事、親御さんとの話など、いや負けてはいられないと頑張ったものでした。

今思えば、皆若かったとわかります。後輩はどんどんたくさん入ってくるし、先輩も若かった。若かったけれども一年先輩でもベテランに見えました。それだけ若い者の中での切磋琢磨に厳しいものがあったのではないでしょうか。

しかしそれにもまして私どもを育ててくださったのは、その上の先輩からのご指導です。研究会や学年会は徹底したものでしたし、夜まで及んで、場所を変えて、カラオケのない時代ですから、たっぷりとお話を伺ったものです。

授業の方法や学級経営のつぼはもちろん、どうかすると学校経営までお教えいただきました。どうしてなのか、こんな駆け出しを捕まえてとも思いましたが、校長先生方から決まって出てくる言葉がありました。「我々はもう終わるからいいけど、君たちのときがたいへんなんだよ。そのたいへんなときを君たちがやるんだよ。」

そのときは何がたいへんなのかとわかりませんでしたが、だんだん気づいてきましたので、このことをずっと語り続けてきました。ここでも引き継がせていただきます。

昨年度の新型インフルエンザ流行に対しても、これまで経験したことのなかった対応を迫られました。授業時数の確保、行事をどうするか、給食費の課題などなど全てが経験を超えた対応でした。そして今、大震災の影響にどう対処するかが問われています。

震災の直後、石巻市の様子をテレビでやっていました。そこに門脇小学校が映りました。校舎の二階三階まで津波に襲われて見るも無残な光景でした。習志野台第二小学校では、昨年度二十二年度の始業式で転入生を何人か紹介しましたが、その中に門脇小学校からの転入生がいました。私は教務主任会の県外視察で門脇小にお邪魔したことがありましたので、懐かしくなってその転入生の親御さんとしばらく話し込んだものでした。

特別活動を研究している学校で、校長先生も教頭先生も情熱的で、「教育は感動だ。感動がなければならない」と熱っぽく話されていたことを今でも鮮明に覚えています。体育館に案内され、高学年全員による「八郎」の群読を聴かせていただきました。校長先生はじめ先生方が涙を隠さずにそれを聴かれていました。すばらしい学校でした。

転入生の子はテレビを見て今ショックを受けています。同級の二年生は学校にいたので、皆で避難して無事だったとのこと。しかし一年生は既に下校後で、行方不明になっている子がいるそうです。本校にも親戚や親しい方が被災された子がいることに気づきました。この震災がますます他人事とは思えません。

明けて三月十三日月曜日の職員打合せは黙祷から始めました。そして行事の実施や子供たちの体力の保持などについて何か策を練っておく必要があるのではないかなど話し合ったことでした。

国全体にじわじわと影響が出始めています。それを免れることはできません。思いもよらぬ対応が必要となることでしょう。たいへんな時代と言ってきた、その本番が始まるところで私たちは退職させていただきました。校長会一致して通常業務の確保、教育活動の推進にあたっていただけることと期待致しております。

市長様から感謝状をいただきました。私ども考えてみれば自分の小学校入学以来、立場こそ違え半世紀以上学校におりました。今、卒業させていただいたとの実感を味わっております。

私は自分の学校の職員に日頃から、「教員としてプロらしくなりなさい、そして教師になりなさい」、それでも足りない「教育者になりなさい」、いやいや「二十年三十年したら教育家と呼ばれるよう努力してほしい」と言ってきました。

しかし今、自分はどうであったのかと省みております。とてもそこまでは行ってはおりません。そうした思いを基にして、新たな人間修業に出たところでございます。

これまで本当に有難うございました。重ねて感謝の気持ちを申し上げ、併せて今後ともご指導とご厚誼をよろしくとお願い申し上げ、何より船橋市の発展、船橋教育の充実をお祈り致しまして、御礼の挨拶と致します。有難うございます。

知識基盤社会の時代における小学校経営の戦略

◈教員社会を席捲するか

一　何が求められているか

教員免許更新制が実施され、講習が始まった。全国の国公立、私立の大学がそれぞれに工夫を凝らして講座を開設し、更新対象者に独自の内容を提供している。該当者に必要とされる内容と単位は決まっているが、それらをどのように具体化するかは大学にまかされるのであるから、大学としてはこの際、自校をアピールするよい機会でもあるのだろう。案内のパンフレットを見ると各学とも専門性に独自性を加味した取り組みを競い、興味を惹くものも多い。

該当者全員を受講させられるだけの受け入れ態勢があるかどうかなど懸念もあったが、大学側は乗り気十分のようである。昨年度の試行で既に受講した人もいて、新制度としては上々の滑り出しであると聴いている。政権が変わって見直しが行われるとも聞くが、いずれ教員の資質力量を高める取り組みであるという基本の発想は生かされるだろう。

ただ気になったのは、受講者の感想である。アンケートの結果を新聞で読んだが、講義の内容が授業実践に直接結びつくものではないというような回答が多かった。確かに例えば夏休みなどとはいえけっして暇ではない中を、時間を作り出し一定期間集中して学ぶのであるから、せめて授業方法に関しての具体的実践事例やヒントが欲しいのはわかる。既に教育実践を重ね学校経営の中核として活躍している教員層である。形式化した授業を省みてこれでよいのか、一新したい、一皮剥きたいと願う刻苦の日々であろう。子供を見る眼は十分磨かれている。

まして時あたかも新学習指導要領への移行期である。学力の向上、総合的な学習の時間など従来の実践課題に加えて、理数の充実、言語力の育成など新しい課題も多い。さらに自校での生徒指導や特別支援教育など、改善が迫られる中での受講でもあるだろう。

教育関係の雑誌の内容や民間の機関、団体が行う研修にはそうした、教員が日々抱えている課題を直接に扱って解決を目指すといった展望があり、いわばニーズに応えてさらに新たなニーズを掘り起こしている傾向があることを考え併せれば、更新講習のアンケートにこのような回答が出てくるのも無理はないと思われる。

とはいえ実用を旨としたこのような研修の内容を見れば、概ね一時間を運営するアイディア止まりであって、したがってその実施の効果が教育的意義に根ざしているのかは疑問なものも多い。単に子供が喜ぶとか、興味を持つとかいうに過ぎないものもある。小学校という段階で児童にどのような力を育て、どのような心と身体を作っていくのかといった基本はさておかれて、その一時間、一教材の運営に関心を置く傾向が常識となっている。

そうした便法を無論、教員諸氏が無批判に実施することはないだろうが、要は、教育の根本まで考えぬいて授業を組み立てていくという教師の基本姿勢が揺らいできてはいないかと思うのである。それこそが教師の醍醐味であるのに。

とはいえたとえこうした傾向――何かよい方法があるに違いない、誰もがそのことを知りさえすれば難局を打開することができる、そのような方法を教えてほしいと求めてやまない傾向――が見えたとしても、教員の安易なハウトゥ志向であると一方的に責めることはできないであろう。教育センターなどで主催する希望研修にも、応募を拡大する方途なのだろうか、即時改善を仄めかす、いや期待させる惹句を見ることがある。あたかもその研修会場に救世主が待っているかのようである。しかし考えても見よ、左団扇がそんなに簡単に配られるものか。理知をかざして世を導くはずの教員ともあろう者が、安易な身過ぎ世過ぎの誘惑にやすやすと乗ってよいのか。学習指導要領と併せて出されるであろう教員養成制度の改定において、学校における教育実践の本質が見失われないよう願うものである。

二　知識基盤社会

「知識基盤社会」という言葉を初めて聴いたとき、その意義の所在はともかく思い浮かんだのが、前述の教員研修にまつわる実情であった。新しい言葉の登場。このような新しいいわば術語が生まれるのは無論、教育の明日を開こうと希求する識者の叡知によるのである。それだけに負っている理想は高いと、聞いただけでわかる。響きの格調がそもそも高い。

とはいえ、これが現場ではどう受け止められるのだろうか。またまた新しい言葉が出た、雑誌が特集し解説書が書店を飾っているから無視もできないというのが実感ではないか。行政から教育指導に関する新しい考え方が次々に示されてきて、実施を求められる。現場として努力を強いている日々である。同時に研究サークルや同僚からは異なった考え方の先進的な取り組み方が紹介され、さらには不易を追究する伝統的実践が厳然と実践されている。授業観の乱立。それでも明日の授業の改善に役立つならと教員は勉強を怠らないから、この「知識基盤社会」も研修のテーマとして競ってとりあげられて当面、関心は集まるだろう。しかしこれがブームとなるだろうか。実践の明日を開くキャッチフレーズとして教員社会を席巻するだろうか。いや、どうも直接に授業実践には結びつかないようなのである。勉強していくと、これからの教育に関するいわば認識論であるようだとわかってくる。哲学めいている。書棚の、そのうち時間があったらに所を得る。

そのことを考えれば到底ブレイクは望めそうもないが、それではこの「知識基盤社会」ということについて関心を持たなくてよいのか。このことが示そうとする意義と課題を明らかにしなくてよいのか。この言葉の構想には、情報処理、活用といったコンピュータ関連の教育内容が連想される。知識を情報という概念で捉えることとなれば、世界共通のこととなるのだから、いわゆるグローバル化との関連も議論されそうである。

いずれ不可避の教育内容や活動である。この際この「知識基盤社会」という概念を検討しながら教育の現況認識を深め、今後の小学校における教育実践を展望してみたい。問題はやはり小学校での実践というところにあって、人の発達を考えれば、児童の段階で経験すべき内容と活動を欠かすことができないということである。新しい内容を、それらとどう関連づけていくかが、どうしても問われてくる。即ち、小学校で扱われるべき発達課題からみてこの構想はどうなのかということである。新しい概念やアイディアを方法化するには、相当の配慮が必要である。教育に方法は必要であるが、それがまず目的化されてはならない。現状をみれば方法への依存が進行し、本質が見失われつつあると見える。

◆知の来歴

一　感性の分離

「思想を薔薇の香りをかぐようにじかに感じる」ことができた人たちがいたと言ったのは、お馴染みノーベル賞詩人のT・S・エリオットである。一九二一年（大正十年）に発表されたエッセイ「形而上詩人」で読むことができる。このことは「感性の分離」論として喧伝され、いまだに取りざたされているが、英国の十六世紀の詩人はそのようにして思考と感情が統一されていたが、十七世紀の詩人はそれができなくなったと書いて大いに批判を浴び、言い過ぎがあったとして取り下げている。そうした変化が起こった時期の設定——特定の詩人の名をあげて特定までしている——については難があるにしても、感性と知性の合一を夢見る者の論究として意義深いものがあると思う。知、そして知性というものが情動と離れていくことに非人間化の徴候を見出す、その懸念の表明としてみることができるからである。

現代の知を考えれば、その細分化、先端化、処理の高速化とそれに伴う知の拡大化があげられる。機械の長足の進歩により知識が知識を作り出し、もはや人間がついていけない領域も出始めているように思う。知の自立とでもいおうか、わかり易くいえば技術革新によって出現してくる工業製品がどのようにできてくるかは、もはや見当もつかず、世を動かすシステムも全体像を把握している人がいるとも思えない。物があふれる世の中になったという人は多いが、対応できないほどの知識が、情報が毎日作り出され、それらがこの世に潜在していることすら認識できなくなっているのではないか。ロボットが、機械がこの世を統べる未来社会を想定し描き出す文学作品や映画は、畢竟このことを指摘しているのであろう。

二　三人称的世界

唐木順三が「自然ということ」の中で「三人称的世界」と呼んだ機械文明の世になりつつあるということであろうか。氏はポール・ヴァレリイの「知性の危機」から次の部分を引用している。「機械は、……人類の過去とか未来とかに関係なしに機械の立場からみて曖昧な人間を亡し、その他の人間を新しい秩序に従って組織し直そうとする傾向を持っている」。一九二五年（大正十四年）に書かれたこのエッセイは、第一次世界大戦後のヨーロッパの精神の危機を描いて名高いものであるが、読んでいるうちに今の日本の状況ではないかと、錯覚しそうである。従って昭和四十年に唐木氏がこれを引いて書きかえれば次のようになる訳である。「人間のうみだした機械が、人間を自己の統制のもとにおかうとする。（中略）機械はその機械的性格によって誰一人例外を許さない。（中略）すべてを機械といふ舞台の上で働く俳優、アクターにしてしまふ。機械的運行の上にすべてを乗せて機械の歩みをもって歩き続ける。ここには人間の主観、主体、孤独な実存を許さないのである。」

それから半世紀経った今、我々の日常ではこれほどの悲観はないといってよい。コンピュータを用いる際も多少の課題は感じつつも何とか使いこなし、その利便性に負うところが大きい。大いに活用もして、今やなくてはならないものであり、使っているのは私だとの認識と自負を捨ててはいないというのが大方の姿勢であろう。

では唐木氏の認識は杞憂であったのか。話を単純に機械文明の批判にもっていけば、コンピュータ社会は人間の機械化を助長しているという論議を呼んで、氏の予言は当たったということになるだろう。しかし、氏の関心の根はそこにはない。こうした世の中になったのは何故かと問い、人間としての主体性を取り戻そうとしているのは明らかである、ヴァレリイと同様に。即ち、精神や知性の在り方を考えているのである。ひいては知のあり方を。

氏によれば、西欧文明の源は地中海文明にある。地中海という「四方を陸地でかこまれた大きな湖水」にあっては、「人はおのが眼をもって対象を見、計り、測定することができる」。プロタゴラスは「人間は物事の尺度である」といったが、この「人間が、すべての対象を計量測定する主人公であるということこそ、地中海的性格であるが、その地中海的性格が、やがてヨーロッパ的性格、西欧精神の中核をなしてゐるといってよい」。以下要約する。古代のギリシャ人は、無限定なものを限定し、名を与えてゆく。言葉、概念、ロゴスを設定し、知性による抽象世界を樹立した。この精神と方法をデカルトが受けつぎ、近代の合理主義をうみだした。即ち、自己と客観が見るものと見られるものに分けられる二元論である。自己以外のものを全て対象化していくことが方法となり、やがては自己自身の情念をも対象化することとなる。

近代の自然科学がこの方法によって生まれたのはいうまでもないが、これで「自然の主人公」になったと思ったのも束の間、科学が機械をうみだしたことで状況が一変する。前述の、機械文明の現実が進行し始めたのである。

三　デジタル化

「知識基盤社会」という言葉を聞くとき、以上のようなことを想起せずにはおられない。相即的に出てくる概念は、ひとつは世の動きがよりシステム化されてきていること。組織の運営方法は恒常的に改善が求められ、独自の改善に腐心する人がいる一方、それらの成功経験に頼ろうとする傾向もあり、「方法」というもの自体に関心が寄せられている。もうひとつは、機械の全盛である。発明は真理の開明であり、我々の生活に新たな地平をもたらす。便利になった日常で豊かな時間を過ごすことの幸福を享受し、感謝に絶えない。それは我々の時代精神ともいうべきものであり、我々はこの中で自己の人間性を確かめている。

しかしこのふたつが、結局デジタル化という概念で結びつくとき、知識というものはますます、いわば箱詰めされ道具化されていく虞を孕むのではないだろうか。努力して解明し獲得するものではなく、機械の操作により瞬時に手に入れることのできる「情報」となる。そこには、内容による重みの区別もなく、どの情報も同じ形をした製品の姿で現れる。スーパーマーケットの棚から缶詰を選ぶように、選択が重要視される。知識が物のように扱われることで、精神の営みが全的に係われなくなる虞がないかということである。

四　生きる力

我々の置かれた状況をこのように見てくると悲観的にもなる。だが、状況の理解や把握には別の面からのアプローチもあるのではないか。たとえば知と技術の現場ではどうなのか。コンピュータやそれを使ったシステムを開発している研究者はどのように考えているのだろうか。技術の進歩の最先端ではもっと幅広く科学の行方を探り、具体的に倫理を問い、つまり人間観を養い続けているのではないかと、多分に希望的ではあろうが、推測される。であればこそ、人間性に根ざし、あるいは支えてくれる機械やシステムが開発されているのであろうし、それらがあればこそ、我々は日々を営めているわけであろう。知らず識らずのうちに。

教育の立場でも同じことである。子供たちに教えるべきことは何か、身につけさせるべきは何かを問い続け、知の在り方に関する省察を欠くことはない。むしろ基本となっている。新学習指導要領においても基調を成している「生きる力」についていえば、無論それが人間として「生きる力」であるからその基盤が、人間としての主体性を支える、精神と呼ばれるものであると考えるに到る。拡大し高速化する知識の只中にあってなおそれらに人として係わろうとする態度、それらのもつ温みを感じとり価値を実感できる心の在り方、等々、言い換えれば正当で豊かな認識の、ひいては批判力の源泉である。

教育者であれば、知を生み出しそしてその体系を築きあげてきた人間の、その営みの追体験をどのように実現するかが実践の視点となるだろうと、少なくとも予感しているはずである。

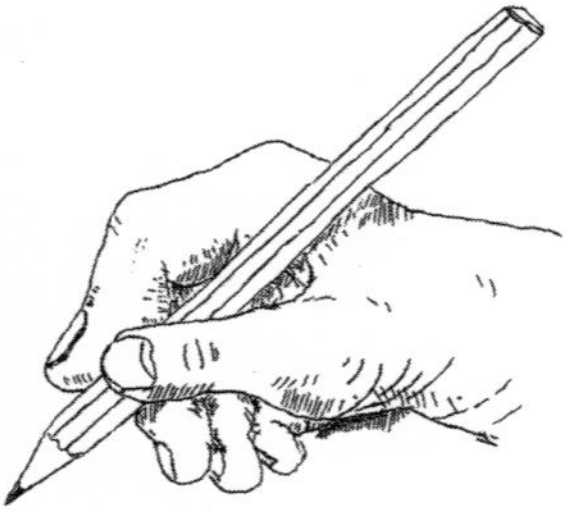

◆授業改善のきっかけとなるか

一　知識・知育・知性

こうして知に対する認識をさらい、現代社会を「知識基盤社会」と呼んでみるとき、我々の中に生まれてくる複雑な心境を、実感として否めない。

まず「知識基盤」だから知識を身につけさせさえすればよいのだろうか、という疑問。そんなことはないだろうと思いながらも、現下の教室の様子を思い浮かべると思い当たる節がないでもないから、疑念も湧く。そんなことになったら、そこに教育という営みの出番はあるのだろうか。知育・徳育・体育それぞれの内容をすべて文書的知識に変換するという暴挙。しかしそうなれば成績はすべて数値化されて、先生は楽になる。「思いやり」とは何かをペーパーテストに出す。三択で答えさせる。「跳び箱五段」の飛び方をビデオで見せて、すぐにペーパーテスト。心を動かさない徳育、身体を動かさない体育、知識詰め込み一辺倒なら知育でも、頭の能動的な動きは必要なくなる。でもそれなら先生は不要となる。

現在の教室がそんなことになっていないのは、学校教育目標の設定によっている。多くの学校でそれを前述の知徳体の三領域に分化させているが、これは実践領域を規定するためであって、それぞれの内容の特質を明らかにしている。知識も、この知育・徳育・体育それぞれの特質に即した在り方があって、一律に文書的知識に変換したのではその獲得はもとより、発展、深化を促進することはできない。学習の方法や努力の仕方が異なるのである。「知識基盤」を受け容れるなら、知識の特質や在り様の究明が必要となってくるだろう。

とはいえそうした分化が一人の子供において統合されていることを忘れてはならない。分化は統合を前提としていて、すなわち教育活動の評価は一人の子供の姿に成果と課題が見出されることとなる。当然パッケージ化された知識の摂取度合いも問われることになるが肝心なのは、その活用である。学習全体の中でどのように知識が生きているか。知識の特質が領域を越えて、どのように影響しあっているか。思考や生きる態度に資することを構想しているのである。学校で育てるのは「知育」であって「知識育」そのものにとどまらない。長じて「知性」となることを念願している。

人が情で動くのが真理であるとしても、寄りかかり過ぎてはならないと、知に抑制を期待するのである。情に偏って人生を誤ってはならない。世論の吟味には確とした定規が必要だ。事の理非曲直を質すに情は係わらない。社会人であれば論理的な思考と態度をもって人生を律し、よき社会の形成者とならねばならない、ということである。知性に対する期待は大きい。

だがこれで知性への期待に明るい光が射したわけではない。実態は知育偏重ではないかとの批判が待っている。教室では知育への思い入れがいつの間にか過剰になっているのかもしれない。徳性や体力の育成が疎かになっているとの指摘は言い古されている感すらある。そうであるなら、縷々述べてきた教育の理想は絵に描いた餅であり、我々が念願しているような知性は育っていないのである。長いことやってきて、つまり何も育てなかったことになる。「知識基盤社会」の実体とはそういう社会なのかと再び悲観の影が覆ってくる。

実際、知に明日を託しながら同時に、それが肥大することの懸念を実感として持っているではないか。その拡張、増殖、高速化に追いつけるのか。科学としてますます細分化され未踏の隘路を追究、知は技術として具現し複雑精緻への途を進む。想像を超える装置が生み出され、出現する論理は正当を主張し相戦って社会の在り方を変えてゆく。

知性というものが見たこともない相貌を見せるかもしれない。それは理想社会の到来かもしれない。だがその社会では、人間性はどのように規定されるのか。真理は人の都合を優先しない。感情や心にどんな位置が許されるのか。妄想であろうか。疑念か、杞憂か。しかしそれが実感であれば強い。「知識基盤社会」を受け容れるかどうか、いっそう躊躇われる。この用語が正に、受容と反発の、そして迷いのシンボルとして見えてくる。

二　ゆとり教育

実際、教室の中は迷いの過程にある。批判の的となったいわゆる「ゆとり教育」の、その批判されるに到った経緯は未だ進行中である。

鳴り物入りで登場した「総合的な学習の時間」が形骸化していないかとの指摘を聞くのである。課題を見つけ、それを解決するために方法を考え、研究活動を実践する。さらにその結果の表現も工夫して評価を問うという、学問の方法そのままに、いわば学習の方法を学ぶ時間であるという構想は、教育の実践者が夢見てきた学習・指導過程である。この時間の設定——教科としての位置づけではない——がなかったからそれまでは、各教科においてそれに近い実践を試み溜飲を下げていたのである。ところが、である、これが正面きって出てきたときに戸惑いも広がった。何故であろうか。率直にいえば、課題を見つけ出す力を育てるのに時間がかかること、また研究の方法を工夫させるのも同様で、見つけ出した資料を批判的に扱うのも難しく、取捨して新しい資料を作り出すのは尚更難しかったのである。

図書館やコンピュータが使えるようになったり、外部の人の話を聴く機会がふえたことで、人間的な係わりを多く経験するようになったのは成果と呼べるだろう。しかし、本来のねらいを達成するためには準備と指導に想像を超える手間隙が必要だとわかった。子供一人一人の発想を保障し、しかもそれを集団指導の中で組織化することの難しさに直面したのである。

何らかの活動のみで終わったり、発表会さえできればよいというような安易な指導は論外としても、果たして子供の問題意識を掘り起こし、発見と解決の喜びに満ちた時間を過ごさせているのかと、評価も厳しくなっている。点数での効果測定が馴染まないから、成果があがっていても指導者は反論しにくい。時間ばかりかかって成果がない「ゆとり教育」だと、批判の典型的事例にされることとなる。いきおい、限られた時間の中では標準化された形式的指導もやむを得ぬといった判断も出てくるわけで、成功事例がひとつの教材として標準化されると、既定の指導過程となって他の教科と何ら変わりのない扱いとなってもいく。潜伏していた「知識」重視が、それ見たことかと姿を現して、ことは総合的な学習の時間に止まらない。ここにおいて開発され形式化された学習・指導過程は教科指導に影を落としていく。

三　プログラム学習

「ゆとり教育」と呼んで批判するのは当然、学力の低下を指摘するものである。ピサのショック以来、基礎基本の重視が叫ばれて多くの学校で、いやほとんどの小学校で練習的な学習が取り入れられているのは、それへの対策と言えるだろう。一日のうちのどこかで子供たちが、先生の用意したプリントやドリルに懸命に取り組む姿はよいものである。研究的に実施して、実際学力があがっていると報告し、公表する学校もある。脱「ゆとり教育」とばかり今や、学力向上の大合唱、全国の学校が方針転換を果たしたかのようである。

しかし、この「学力向上」の策として行われているのが、このドリル的学習であり、内容を見れば漢字や計算の練習が中心である。これには少なからず意見がある。ノートでまとめる力や作文力、問題を作り出す力など、ほかにもやるべきことは多いが、それらはどうなっているのかということである。無論それはそれで工夫して取り組んでいるのだろう。文部科学省の学力学習状況調査にも活用力を見る問題があって、結果をみてもレベルは概ね保たれているようだ。ドリル学習の効用は応用力も伸ばすという論もあるだろう。それに間違いはないと、経験的に思う。

懸念するのは、プリントの学習が、出された問題に対応する、反応の積み重ねだということである。プログラム学習が子供の力を驚異的に伸ばすことが知られながら、学習指導要領で取り上げられてこなかったのは何故か。それは、自発性をけっして伸ばさないという反面の効果を考慮してではないだろうか。

日々行われている授業が実際のところ、このプログラム学習になっているのではないかと思うのである。SとR、刺激と反応といった生物学的な発想が見え隠れする授業設計になってはいないか。「児童の反応」という言葉を指導案で見かけることがある。子供を実践の具としているような印象を受けないとしたら、考え直すべきである。教育は子供と教師との信頼関係の中で成立し、知識は感動の中で形成されるのである。

気がつけば、ワークシートと呼ばれるものの全盛であり、それなしには授業が成り立たない嫌いがある。授業改善を目指す研究授業のテーマにこそならないが、実際にはそれをどう活用するか、望ましいワークシートをどう作るかが真剣に論議されている。文書の作成や印刷、複写が容易にできるようになったことも一役買って、正に現下、授業の常識となっている。評価のし易さは捨てがたい、しかし子供の発想を枠に入れてしまうから、人間的営みと文書的知識と、さて秤がどちらに傾くか。支点には教員が居る。

プログラム学習のプログラムとは、もともとコンピュータによる学習でのプログラムである。構想された段階では機器の配備は夢物語の状態であった。やむなく紙プリントで代用したのであるが、今やコンピュータは一人一台の時代である。学校に整備される日も近いと思われる。いよいよプログラム学習が導入されるのであろうか。知識が記号化される途を辿らなければよいのだが。

◈「学校経営」を見直す

今わが国が、そして毎日を過ごしているこの学区が知識基盤社会に入りつつあり、ますますその色合いを濃くしていくのであれば、それ相応の教育をしないわけにはいかない。授業を、変えていかなければならないということである。それも単に、教材を変更するとか、教育機器を整備するとかいうことでは済まないレベルの話である。知識、知育をどう考えるかが問われるのであって、行き着くところ学校教育活動全体を見直すことが求められることとなる。

学校経営といえば、物・人・金といった管理的側面を思い浮かべてしまう向きもあろう。しかしそれらも教育活動実施に付随し、奉仕するものであって、経営の根本は教育の実践にある。学校教育目標が存在しなければならないわけであり、その有効性が学校の質を左右することになるから、取って付けた体のお飾りでは事はすまなくなる。実質的にはたらいているだろうか。達成の手立ては有効だろうか。授業はその中に、どのように位置づけられているのか。授業を、目標を達成する手立てとする発想に転換してみないか。つまるところ学校とは授業なのである。力は教室に存する。

そんな基本に戻っての再構築が必要となる。それは実質を旨とする授業観の確立や、その実施を保障する教育計画の立案と相俟って、学校経営という概念を変えていく実践課題となるだろう。ということでまず、学校教育目標見直しの視点が欲しいところである。

学校教育目標具現のために、目指す児童像を知徳体に分化させて設定するという従来の方式を採るのであれば、実現のための施策に工夫を凝らすこととなるだろう。その際考慮すべきこととしては、以下のようなことではどうかと思う。もし採り上げるなら、どんな形で採り上げ、重点化し組織するかが腕の見せ所で、研究的取り組みの興味と緊張が襲うだろう。知育・徳育・体育それぞれの分野においての知の在り様が具体的に見えてきて、それらを積極的に実現しようとする教育全体計画も構想されるだろう。学校の特色が出てくるのは、ここである。

一　形式陶冶の重視

どうしてこの考え方が語られなくなったのだろう。冷や飯を食わされている言われはない。学校教育に当てはめれば、学校で行われる学習は児童の発達段階それぞれにおいて、児童個々の人生そのものであるということになる。日々の課題にどう立ち向かい解決の喜びを味わうか、美しいものを見て聴いて感動し、世界観を広げる、そんな学習を組織する、より子供の側に立った考え方である。活動を通して学ばせるという考え方が流布するあまり、「活動あって学習なし」と指摘されもしている現在の指導方法を改善するには欠かせない力になるというのに。

もっとも形式陶冶が語られなくなったのは、特に戦後の教育観、指導観の論議において哲学的な論点が俎上に上がらなかったからであって、その意義や有効性が排されたわけではない。授業の実践においては新しいことでもなく、難しくもない。要は、一時間の中で子供たちにもっと考えさせろ、討論をさせろということである。

自問自答し、級友と考えを戦わせ、結論を出しきらせるという活動の実現はそもそも教師の理想である。日々の生活で実際に苦労する機会の少ない子供たちに、自分が納得して努力し苦労する場を与えてやることに大きな意味がある。主体性というものが自分の考えに責任をもつということであるなら、正に知識を、努力して獲得する過程が主体性の育成に重なるはずである。これを機にプラグマティズムと大陸型教育学の混在が整理され、止揚されることを期待する。ヘルバルトの五段階と問うて答の返ってこないことの多い現状を憂いているのである。

二　え・ことば・うた・からだ

技術の指導が伴う内容についてはどう考えればよいのか。これらはみな、子供たちの生命が直接表れてくる内容である。言い方を換えれば、知識や感情が表現欲求として具現されてくるものである。心の内の様々な働きが、未分化のままの状態から整理される段階まで、習得されている技術相応の表現となる。図工、国語、音楽、体育での指導を重視することはもちろん、学校教育活動全体を通してこれらを取り上げ、子供たちがどのように発達を遂げているのか、子供たちの活動ぶりや作品を観察し、共に味わって方向づける必要がある。

たとえば描きたいという欲求はどうか、落書きにも見える自由な線描の遊びなどを経験してきているのかと、また言葉の面から見て、九歳の壁を乗り越えているのかと注目すれば、その子の姿、心の在り様が見えてくる。旋律という抽象を音程やリズムといった具体に表すことができているのか、身体は発育しているか、動きは適切かなどなど発達課題の満足度はどうかと観ていける内容である。欲求を開きまた抑えるといったコントロールする力を少しずつ育ててやり、人間関係の中で身の処し方を学ばせることに繋げるよう構想したい。知性の基盤となるはずである。

三　緑・水・土・論理

これらは環境教育として既に、どの小学校でも取り組まれていることだろう。栽培活動を日常化し、樹木を大切にし、花いっぱい緑にあふれている学校の様子が目に浮かぶ。ここで大切なことは、子供たちが土や水に親しんで何を感じているかである。植物を栽培するのは食糧増産のためであるのか、水はこれからの世界の政治課題となることをか。確かにそれらは大切なことであるが、小学生にとってもっと大切なことは、この世の物は、たとえ都会で生活していても、その生活を支えているのは「自然」であると実感させることである。美しく加工され商品として提供されている物も、その素材は自然由来である。人は、自然の中に、存在している物体に論理を発見し、活用しているのである。緑・水・土が世の真理の源泉であると、共に学んでいきたい。

こうした視点を踏まえて、頭の使い方を間違えない子を育てていきたいものである。たとえばサプリメントに過剰に頼る人がいるそうだが、それをしも栄養指導の成果と呼ぶのであろうか。食物や食事の意味を味わわせなければそうなるだろう。学習が足りなかったというより、「感動」がなかったのではないかと思う。

子供たちが毎日学校に来るのは何故か。何かしらの感動を求めているのではないか。今日はどんな授業になるのだろう、楽しいことか難しいことかと期待もし不安にもなる。しかし、どちらにしろ心が活発に動く。難局を越えれば感動となる。そのとき子供たちは何より自己の存在を感じるのである。知識は感動とともに肉体化し、精神と呼ばれるものの土壌となるだろう。

さて学校は子供の悩みを解決・解消してくれるだろうか。そんなことは学校の設置目的には書かれていないし、そのための教育計画が組まれている例も聞かない。しかし、悩みの解決・解消方法を学ぶところではあるだろう。基礎となる知識を得て、応用する力と態度を。

「知識基盤社会」は、このことに資する社会なのであろうか。悩みを解決・解消するに力を与えてくれる社会であるのか。であるならその社会を目指すべきだが、それとも現下、そのような社会に入っているとの認識に過ぎないとすれば、どうか。今後提示されるであろう諸策が単なる対応策になるのではないかと懸念するものである。

さすがに学習指導要領から「自ら学ぶ意欲と社会の変化に主体的に対応できる能力の育成を図る」という受身の方向付けはなくなって久しいが。

『新時代を切り拓く小学校経営の創造』（全国連合小学校長会編２０１０）所収を改稿

まとめ　今日はここまでにしようか
～相変わらずの長話《ながばなし》

尻尾はくれてやっても、純な心はやらない。化けの皮を剥がれては仕事にならない。タヌキは戦う。

「三太とタヌキのしっぽ」は数ある三太物語の中でも出色の出来栄えで、巧みな作品構成がメタな世界を出現させている。読み減りがしない。（作曲家すぎやまこういち氏が、聴き減りのしない曲を書いていくと言っていた。読み減りもあるだろう。）

当研修室の看板がなにがしかこの突き抜けた作品に影響を受けていると見てよい。尻尾に効用ありと手当たり次第。したがって戦略及び戦術に関して、その煮えきらなさを指摘する向きあらば、これを否定しない。いえ、否定できません。

青木茂氏の邸は、おそらく現在館山市立博物館が建っているところにあったと秘かに断定している。おそらくというのは、その博物館の受付で訊いたら青木繁かと言われたからである。なるほど館山は、二人のあおきしげるでやっていける。

里見氏の城を再現した山——城山の中腹、ここからは館山湾・鏡が浦が見わたせる。知己を得て兄弟同様に親しくなった療養中の山村暮鳥がこの邸を訪問、ワーグナーの「トリスタン」を初めて聴く。気絶するほど、泣いた由。とはいえ暮鳥の詩風が館山の生活で激変したとする説は、美味しそうで受けがよいだけに眉に唾が必要である。

青木氏の遺品は館山の市立図書館に寄贈されているから安心していただきたい。筆者はご好意を得て、書庫で整理中の膨大なそれらを見せていただいた。ラジオでもテレビでもドラマ化された「三太物語」「おらあ三太だ」関係が興味深い。過日青木氏関係の講演会もあった。市が研究を進めているのであれば当方の出番はない。関心は尻尾にあり、さらにそれが推察を促す本体である。

我が国の授業は、特殊な発展をとげたのではないか。集団一斉の形式は諸外国の学校教育に比べられて批判されがちである。国も、社会の個別尊重の論潮に押され、かつそこに棹を差しここぞとばかりデジタルといわれるものを持ち出している。我が国の固有の形式は省みられない。面白みが認識されていない。多様性の旗をふりながらである。

ほんの一瞬タヌキの、その本体が見える時間がある。教師に、子供たちに。世紀を越えて潜んでいたプログラム学習がいよいよ実現しそうな段階に入った。いや、実現してしまいそうな、である。教育技術に血を通わせる、なんてことはありえない。技術というものは人において実現するのである。人以上の技術なんて、ない。課題は人そのものの在り方であって、とすればそれが機械の下請けにならないとも限らない。寺山修司風に言ってみる。化かすか、化かされるか、教師の明日はどっちだ。

加藤廣行（かとう・ひろゆき）

昭和25年千葉県生まれ
船橋市の小学校に勤務
日本詩人クラブ会員
日本現代詩人会会員

既刊著書　詩　集『AUBADE』（1980年　国文社）
『ELEGY, &c.』（1991年　国文社）
『Instant Poems』（2002年　国文社）
『歌のかけら　星の杯』（2013年　竹林館）
『夜伽話』（2019年　竹林館）
教育論『国語屋の授業よもやま話』（2012年　竹林館）
歌曲集『ほんとはむずかしい五つのことば』（2015年　樂舎）
詩論集『新体詩の現在』（2015年　竹林館）

現住所　〒274-0063　船橋市習志野台4-56-5

教員必携諺擬《ことわざもどき》
――タヌキの尻尾《しっぽ》研修室

2021年9月1日 第1刷発行
著　者　加藤廣行
発行人　左子真由美
発行所　㈱竹林館
〒530-0044
大阪市北区東天満2-9-4 千代田ビル東館7階FG
Tel 06-4801-6111 Fax 06-4801-6112
郵便振替 00980-9-44593
URL http://www.chikurinkan.co.jp
印刷・製本 モリモト印刷株式会社
〒162-0813
東京都新宿区東五軒町3-19

ISBN978-4-86000-456-9 C3037
定価はカバーに表示しています。